BERTOLT BRECHT

베르톨트 브레히트

얀 크노프 지음 | 이원양 옮김

초판인쇄 2007. 4. 20.
초판발행 2007. 4. 25.

편　집　홍석봉 · 정지회 · 박승범 · 김윤곤 · 김수현
마케팅　이태준
펴낸이　강준우
관　리　김수연
디자인　이은혜 · 최진영
펴낸곳　인물과사상사

등록 1998. 3. 11(제17-204호)
주소 서울시 강동구 성내동 533-1 영우빌딩 3층
전화 02) 471 - 4439
팩스 02) 474 - 1413
우편 134 - 600 서울 강동우체국 사서함 164호

E-mail insa@inmul.co.kr
홈페이지 http://www.inmul.co.kr

값 7,800원

ISBN 978-89-5906-057-3　04080
ISBN 978-89-5906-050-4　(세트)

파손된 책은 교환하여 드립니다.

BERTOLT BRECHT
베르톨트 브레히트

BERTOLT BRECHT by Jan Knopf
Copyright 2006 Suhrkamp Verlag, Frankfurt am Main
Korean Translation Copyright 2006 by Person & Idea Publishing Co.
All rights reserved.
The Korean language edition is published by arrangement with
Suhrkamp Verlag through MOMO Agency, Seoul.

이 책의 한국어판 저작권은 모모 에이전시를 통해
Suhrkamp Verlag사와의 독점 계약으로
인물과사상사에 있습니다.
저작권법에 의해 한국 내에서 보호를 받는 저작물이므로
무단전재와 무단복제를 금합니다.

CONTENTS

- 7 한국어판 출간에 즈음하여
- 11 곡학아세(曲學阿世)

생애

- 19 유년 시절과 청년기: 동아리와 함께 아우크스부르크를 휩쓸다 (1898~1917년)
- 30 명성으로 가는 길: 아우크스부르크와 뮌헨에서 작가로서 최초의 성공(1917~1924년)
- 40 수도의 정글 속에서: 극작가 베를린을 정복하다(1924~1933년)
- 65 나치를 피해 도피: 첫 번째 망명지 스벤보르(1933~1939년)
- 80 중간 기착지: 여행 가방을 들고 스웨덴과 핀란드를 지나 (1939~1941년)
- 86 할리우드의 이윤 창출 기계: 산타 모니카에서의 고립(1941~1947년)
- 96 독일 귀환: 연극 작업과 체념(1947~1956년)

작품

- 117 마지막 전방위 예술가
- 123 초기 서정시(1913~1920년)
- 131 서정시(1920~1922년)
- 134 권투와 쇼트스토리(〈권투선수 삼손-쾨르너의 이력서〉, 〈어퍼컷〉)
- 148 학습극 1928~1935년(〈'예'라고 말하는 사람〉, 〈조치〉)
- 187 베를린 앙상블에서의 연극 작업

영향

- 193 브레히트와 독일 분단
- 199 《베르톨트 브레히트 해설부 신전집》
- 204 기관과 학회
- 208 국제적인 수용: 한국의 예
- 214 오늘의 브레히트

- 219 역자 후기
- 225 베르톨트 브레히트 연보
- 230 참고 도서

한국어판 출간에 즈음하여

독일에서 이 평전은 주어캄프 출판사가 2년 전부터 절찬리에 간행하고 있는 세계 인물 평전 시리즈 중 하나로 출간되었다. 이에 앞서 이 출판사에서는 1998년부터 작가별 해설판 작품집이 단행본으로 간행되기 시작했는데, 그 첫 번째가 브레히트의 《갈릴레이의 생애》였다. 나는 몇 해 전부터 후속 단행본들의 간행 책임을 맡았고 1928년 판본의 《서푼짜리 오페라》를 성공적으로 출간했다. 그러나 브레히트 상속자들의 이의 제기 때문에 2년 이상 이 사업에 제동이 걸려 있는 상황이다. 그래서 이미 작업이 끝난 원고가 그대로 쌓여 있다. 이로 인해 2004년에 쓰기로 했던 브레히트의 평전을 집필할 의욕을 완전히 상실했었다.

이런 의기소침한 상태에서 벗어나기 위해서는 결정적인 자극이 필요했는데 그 자극을 오랜 친구인 이원양 교수로부터 받게 되었다. 이 교수는 2005년 10월 20일 카를스루에 대학으로 나를 방문했다. 이때 우리는 독일 통일 후의 브레히트 수용 현황과 한국의 브레히트 서거 50주년 기념행사 계획에 관한 상세한 이야기를 나눴다. 과거에도 늘 그랬듯이 우리는 일이 끝난 다음 자가 맥주공장을 갖추고 있어서 최고로 맛좋은 맥주를 마실 수 있는 포겔브로이 식당을 찾았다. 여기서는 여과기를 거치지 않고 양조통에서 나오는 신선한 필즈를 즐길 수 있다. 나는 단행본 출간 중단으로 인해 발생한 곤경에 대해서 이야기했다. 내 이야기를 들은 이 교수는 브레히트의 평전이야말로 아무 간섭도 받지 않고 내 의도대로 쓸 수 있는 것이며 지금처럼 중요한 시점에서 브레히트의 평전을 쓰지 않는다면 대단히 유감스런 일이라는 점을 지적했다. 항상 긍정적이고 생산적으로 생각하는 이 교수는 나에게 좀더 확실한 자극을 주기 위해 아주 중요한 제안을 즉석에서 했다. 즉, 원고를 생성 과정에서 한국어로 번역해 독일과 한국에서 동시 출간을 하자는 것이었다. 이런 제안은 정말로 예사로운 일이 아니다. 우리는 의기투합해서 악수를 하는 것으로 '계약'을 맺었고 이를 축하하기 위해서 맥주 한 잔을 더 마셨다.

주어캄프 출판사에서는 이 교수의 제안을 전해 듣고 열광했다. 이제까지 학술 서적이 외국어로 번역되어 동시에 출간된 경우는 한 번도 없었기 때문이다. 그러나 한편으로는 빠듯한 일정 때문에 걱정을 하기도 했다. 2006년은 브레히트 서거 50주년이 되는 해이다. 즉, 그의 사망일이 8월 14일이기 때문에 원고 집필과 번역 그리고 간행이 반년 안에 모두 이루어져야만 했다. 게다가 이 책은 인용문을 담은 글 상자들과 많은 사진 자료를 싣고 있어서 편집 작업이 아주 복잡하지만 50주년 기념 행사 일정 때문에 가능하면 8월 14일 이전에 책이 나와야만 했다. 과연 이것이 가능할까? 그런데 결국 이 책은, 몇 달의 시차는 있지만, 독일과 한국에서 거의 동시에 간행되었다. 그러니 앞으로 많은 독자를 만나서 읽혀지기를 바란다.

그동안 한국의 동료들과 이루어진 협조와 공동 작업에 관해서는 본문에서 언급했다. 여기서는 그로 인해 아주 좋은 성과가 많았음을 다시 한 번 지적해 두고자 한다. 그리고 나에게 박사학위 논문 지도를 받은 두 분이 한국의 대학에서 가르치고 있다는 사실에 대해서 특히 기쁘게 생각한다.

또한 한국에서는 이념화된 마르크스주의자로서가 아니라 정치적인 작가로서 브레히트가 커다란 역할을 했다는 것이 나에게는 특히 중요한 경험이었다. 브레히트는 그의 작품이 '세계관'이나 이념에 고정될 수 없었기 때문에 사회주의의 몰락 이후에도 살아남은 것이다. 브레히트의 작품이 시의성을 잃지 않는 것은 전 지구적으로 승승장구하는 자본주의 때문이다. 브레히트는 장엄한

BERTOLT BRECHT

문학적 표현 수단을 구사하여 자본주의를 가장 날카롭게 비판했다. 그 외에도 그의 작품이 시의성을 잃지 않는 것은 브레히트가 뛰어난 언어 예술과 미학적인 수단을 가지고 수용자의 상상력을 자극할 수 있기 때문이다. 그의 잠재적인 시의성은 그가 극작품을 통해서 창조한 인물들이 인류가 공유하는 원형(原型)의 보고(寶庫)에 입성했다는 데에 있다. 그렇기 때문에 브레히트의 작품은 이미 오래전에 고전작품이 되었으며 항상 새로운 해석을 유도한다. 그의 극작품들은 아직까지 아무도 생각하지 않았던 관점들을 표출해 내는 새로운 작품 제작을 하도록 유도한다.

2007년 3월

독일 카를스루에 대학교
베르톨트 브레히트 연구소 소장

얀 크노프

곡학아세(曲學阿世)

어떤 특정한 세계관을 신봉한 적이 없었고 그와는 반대로 통상적인 견해나 의견을 최대한 조롱했던 20세기 작가 베르톨트 브레히트는 역설적이지만 학자들과 독자들에 의해서 항상 상이한 이데올로기에 고정되었다. 유물론, 허무주의, 무정부주의 그리고 마르크스주의 등등 브레히트에게 적용되지 않는 '주의(主義)'가 없을 정도다. 하지만 견해만 가지고는 지속성 있는 작품을 쓸 수 없기 때문에 브레히트 자신은 오히려 사실에 의존했고 투이즘(Tuismus), 즉 곡학아세(曲學阿世)에 반대했다. "투이(Tui)"는 "intellektuell"을 "tellekt-uell-in"으로 도치시켜서 그 머리글자로 만든 브레히트의 신조어다. 어떤 세계관 진영의 사람이건 간에 현실을 부정하거나 사실을 사실로서 인정하지 않는 사람들을 브레히트는 '투이들', 즉 곡학아세하는 무리들이라고 칭했다. 1938년 그는 한 냉소적인 해설에서 투이즘을 이렇게 요약했다. "유머 잡지에 나오는 위

베르톨트 브레히트

트 하나를 생각할 때마다 항상 유쾌함과 공포가 뒤섞인다. (그래선 안 되겠지만, 그렇지요?) 예컨대 비행사가 비둘기를 가리키면서 말한다. 비둘기는 잘못 나는 것입니다."(GBA 22, 418쪽) '투이들'은 당대에 권력을 잡은 부패한 정치가들의 출세를 도와주는 곡학아세꾼들이다. 인간을 구해 내야 될 처지가 된 지 오래인데도 그들은 정치의 잠재적인 잔인성을 인식하지 못한 채 문화를 '구출'하려고 한다. 투이즘이란 주제는 여러 가지로 변형되어 브레히트의 전 작품을 관통한다. 이를 위해서는 풍자라는 장르가 적격이다. 브레히트는 자신을 풍자 작가로 여겼다. 그는 범죄가 "뻔뻔스럽게 거리로 나서며" "이루 말로 표현할 수 없을 만큼"(GBA 14, 196쪽) 악화된 사실에 직면해서 침묵을 지키든지 또는 오로지 이런 범죄의 퇴치만을 위해서 발언하라고 권했다.

그가 남긴 창작 활동의 결실은 대단하다. 브레히트는 바이마르 공화국 시절에 이미 (그의 집단적인 창작 방식을 통해서 그리고 시장에 공급해야 한다는 의식을 통해서) 모든 대형 기관과 매체에서 작가로 인정받았다. 주요 극장들은 저명한 작곡가, 배우 그리고 연출가들을 초빙해서 그의 극작품을 공연했다. 그의 서정시와 산문은 발행 부수가 많은 신문과 잡지에 발표되었다. 방송에서 그는 인기 있는 대담자였으며 그의 작품과 그가 번안한 작품들이 방송

되었다. 중요한 영화는 그의 이름과 연관되었다. 그리고 그는 극장에서 그의 새로운 서사적 연기법을 끈질기게, 때로는 배우들의 의사에 맞서면서 관철시켰다. 그래서 브레히트의 연극은 나치의 야만성이 시작되기 전에 세계적으로 최고의 수준에 도달했다. 물론 그 중요성은 1950년대가 되어서야 비로소 인정받았다. 브레히트는 서른 살이 되던 1928년에 이미 세계적인 스타였다. 문학, 연극 그리고 매체의 발달에서 독일의 나치 독재가 남긴 단절은 더 이상 깊어질 수 없는 것이었고 브레히트를 비껴가지 않았다. 망명지에서 관객과 극장을 잃은 그는 계속해서 극작품을 쓰기는 했지만 점점 더 서랍 속에 넣어두고 보관하기 위한 것이 되었고 서정시와 산문 창작에 중점을 두게 되었다. 덴마크에서 그는 1년 만에 500쪽에 달하는 《서푼짜리 소설》을 썼다. 핀란드에서 미국 비자를 기다리는 동안에는 두 편의 극작품을 썼고 산문집 《피난민의 대화》도 거의 완성했다. 미국에 도착한 브레히트는 주로 영화 시장에서 뛰어다녔고 전쟁이 끝난 다음에는 다시 극장에서 작업할 기회를 바로 포착했다. 그는 비판적인 목소리를 잃은 적이 단 한순간도 없었지만 자신이 정치화되지는 않았다. 1915년 그는 자칭 신문사 정치부 기자가 되어 세상에 아무 일도 일어나지 않았다는 듯 친구 프리츠 게바이어와 함께 브레겐츠

지방을 도보 여행했다. 그는 군복무를 카니발 행사를 치르듯 마쳤고 바이마르 공화국에서 선동선전에 참여하지 않았다. 미국에서 연방수사국의 감시는 아무런 소득도 없었고 그가 동독에서 한 활동은 거의 전적으로 자신의 연극을 구축하고 나치가 저지른 손상을 보수하는 일에만 집중되었다.

일군의 해석자들이 수십 년 동안 브레히트의 작품을 세계관, 신앙 그리고 그의 개인적인 정신 상태에 따라서 점검했지만 이제부터는 시선을 실재에 돌려야 한다. 예술을 통한 삶의 모사라는 의미에서가 아니라 문학은 "현실을 통해서 자극을 받고 그 안에 토대를" 가지고 있어야만 한다고 한 전적으로 괴테적인 의미에서이다.(Goethe I, 56쪽) 브레히트는 예술이 현실과 혼동되어서는 안 된다고 거듭 주장했다. 예술은 예술임을 보여 주어야 하고 속이는 것은 예술의 품위에 맞지 않는다는 것이다. "그대들이 보여 준다는 것을 보여 주어라!"(GBA 15, 166쪽)가 그의 원칙이었다. 예술은 재미를 주기 위해서이지 교훈이나 메시지를 전달하기 위해서 있는 것이 결코 아니다. 물론 예술이 구속력을 완전히 잃지 않기 위해서는 통찰을 중개해야 된다고 브레히트는 주장했다. 모든 사람과 모든 것을 규정하는 인간적인 공동생활과 그 결점에 대한 통찰 말이다. 그리고 브레히트는 예술을 항상 삶의 예술과 연관시켰다. "모든 예술은 모든 예술 중에서 가장 위대한 예술인 삶의 예술에 기여한다."(GBA 23, 290쪽) 독일에서 유일하게 괴테와 비교할 수 있을 만큼 브레히트는 문학을 변화시켰다. 그는 일상적인 것이나 '저급한 것'과 같이 문학적인 가치가 없다고 여겼던 주제들에 대해서도 (특히 서정시에서) 문학을 개방했다. 그리고 연극에서 새로운 의식적인 연기 형식(이것은 역시 삶에도 적용될 수 있다)을 세계적으로 관철시켰다. 폴커 브라운이나 하이너 뮐러 같은 작가들(이런 작가들은 브레히트와 어느 정도 거리를 두긴 하지만)의 작품은 브레히트 없이는 생각할 수 없다. 브레히트가 없다면 아리안느 므누슈킨의 '태양극단', 다리오 포의 열광적인 연기술, 아서 밀러의 사회 문제를 다룬 극작품들 또는 해롤드 핀터의 불길한 사건이 있을 수 없다. 브레히트 없이는 뒤렌마트도 없고 프리쉬도 없다. 그리고 할둔 타너, 월레 소잉카 또는 김남주와 같이 브레히트의 '유산을 받은' 터키, 나이지리아, 한국의 시인들도 있다. 지금까지 지배적이었던 주장과는 달리 브레히트는 사회주의적인 극작가가 아니라 사회 비판적인 작가의 전형이었음이 그동안 밝혀졌다. 그래서 그는 사회주의의 종언 이후 전례 없이 시의성을 띠게 되었다.

생애
Leben

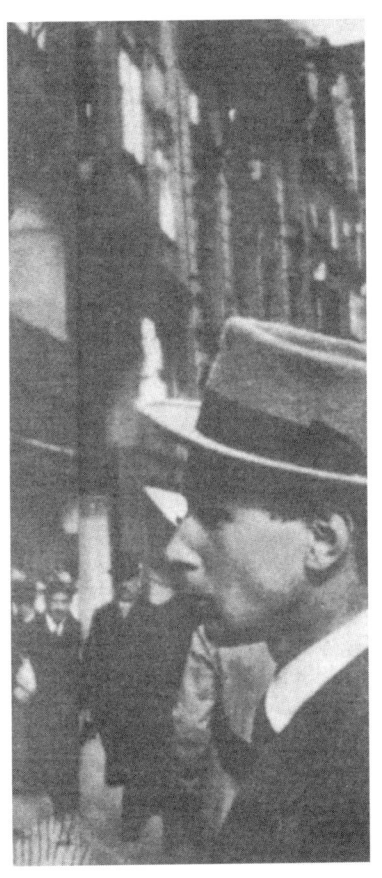

유년 시절과 청년기:
동아리와 함께 아우크스부르크를 휩쓸다
(1898~1917년)

1898년 2월 10일 기력을 잃은 독일 제국의 흐릿한 햇빛 아래서 태어난 오이겐 베르톨트 프리드리히 브레히트는 지금도 '아우프 뎀 라인 7번지'의 생가 앞을 큰 소리를 내며 흐르는 레히강의 운하에서 끊임없이 들리는 굉음 때문에 고통을 겪었다. 이로 인해서 그가 일생동안 심장병을 앓게 되었는지도 모른다. 그는 아주 소시민적인 환경에서 삶을 시작했다. 브레히트 가족은 조그만 집에서 옷장수 여인 둘과 함께 살았다. 그 집 지붕 밑층에는 줄 제조인과 그의 가족이 살았는데 1층에 있던 그의 작업장에서도 소음이 심했다. 1898년 9월 '바이덴 지벤 킨델른 1번지'로 이사했지만 별로 사정이 낳아지지 않았다. 여기에서 1900년 6월 29일 그의 동생 발터가 태어났다.

아버지 베르톨트 프리드리히 브레히트는 슈바르츠발트의 아헤른 출신이었는데 1893년부터 하인들 제지공장에서 점원으로 일하기 시작했다. 그는 대리로 승진해서 블라이히가(街)에 있는 하인들 재단의 관리인이 되었다.

BERTOLT BRECHT

브레히트 가족은 1900년 9월 방 두 칸과 가정부를 위한 지붕 밑 방이 딸린 재단 소유의 주택을 하나 배정받아 이사하게 되면서 노동자들이 사는 구역에서 상당히 특권을 누리며 살았다.

브레히트의 어머니 소피(친가의 성은 브레칭)는 바트 발트제 근처의 로스베르크 출신이었다. 그녀는 유방암을 앓았는데 병이 점점 심해지자 1910년 초 마리 뢰커라는 간병인을 고용하게 되었다. 하는 수 없이 브레히트는 지붕 밑 방으로 옮기게 되었는데 그곳에는 출입구가 따로 있었고 침실 옆에 작은 거실이 있었다. 그는 "우리" 또는 "원형 촌락"이라고 부른 거실을 일종의 예술가 아틀리에로 꾸며 글쓰기도 하고 친구들도 맞아들였다.

중산층 가정 환경   그는 출신이나 가족 환경의 측면에서 볼 때 작가로서의 생애를 택할 만한 처지가 아니었다. 동생 발터가 전혀 다른 길을 택한 것만 보아도 알 수 있다. 발터는 제1차 세계대전에 자원해서 출전했으며 아버지의 영향을 받아 제지공학 교수가 되었다. 블라이히가에서 브레히트 가족의 삶은 소시민적이었다. 브레히트가 이용할 만한 장서도 없었고 어머니는 점점 더 깊어가는 병 때문에 자식에게 신경 쓸 여유가 없었다. 아버지는 일 때문에 자주 집을 비웠고 "아우크스부르크의 리더타펠"이라는 합창단과 낚시 협회에서 여가시간을 보냈다. 물론 브레

베르톨트 브레히트
(왼쪽)와 부모
그리고 동생 발터
(1908년)

히트가 읽고 싶어 한 책은 부모가 사주긴 했지만 브레히트는 자신의 독서열을 스스로 해결해야만 했다. 그의 아버지는 그 뒤에도, 특히 브레히트가 작가로 성공한 1920년대에도, 그가 경제적으로 어려움을 겪을 때마다 도와주곤 했다. 브레히트는 결혼 전에 아들을 낳았을 뿐만 아니라 일찍 결혼한 후 줄줄이 자녀들을 낳았기 때문에 이들을 건사하느라 항상 경제적으로 어려움을 겪었다.

브레히트는 1904~1908년 그의 가족이 예배를 보러 다니던 맨발수도회가 운영하는 국민학교에 다녔고 1908년에는 '안데어 블라우엔 카페' 거리에 있는 왕립 실업 고등학교에 들어가 1917년 전시 졸업시험을 치르고 졸업했다. 이곳과 하인들 재단의 주택들이 있는 노동자 거주 지역인 클라우케 교외 지역에서 브레히트가 사회화 과정을 거쳤고 친구들과 대단히 지속성 있는 동아리를 형성했으며 초기의 문학적인 자극도 받았다는 점은 대단히 중요하다.

1989년에야 비로소 발견된 1913년 5~12월간의 〈일기 10호〉를 통해서 브레히트가 "나는 항상 창작을 해야 된다"라는 좌우명을 가지고 일찌감치 주로 각종 문학적 텍스트(거의 시를 썼다)를 체계적으로 집필했다는 것이 알려졌다. 일기장에 매겨진 일련번호나 이미 그보다 앞서 완성된 일기장에 대한 언급이 있는 것 등으로 미루어 볼 때 그전에도 그가 자서전적인 기록을 했음을 알 수 있다. 1913년 9월부터 1914년 2월까지 6호가 발행된 학생 잡지인 《에른테》는 브레히트가 이미 15세 때에 출판 기구를 조직하고 협력자를 끌어 모을 수 있었음을 보여준다. 잡지의 공동 간행인이었던 프리츠 게바이어는 예

학생잡지 《에른테》의 발행인

술적 콘셉트를 맡았고 막스 호엔에스터와 다른 협력자들은 작가로서 동참했는데 그들이 실제 자신의 이름을 밝히고 활동했는지는 확실치 않다. 하지만 브레이트가 《에른테》에 자신의 텍스트 80% 이상을 익명으로 실었다는 것은 확실하다.

《에른테》의 작업은 이후 집단 작업의 모형이 되었다. 브레히트는 친구들 모임에서 분명한 중심점이었고 분업적 창작의 조직자였다. 개별적인 저작권은 중요한 것이 아니었다. 이 점은 〈브레히트와 그의 친구들이 만든 기타곡집〉(1918)이라는 브레히트 최초의 노래집 제목에서도 드러난다. 브레히트의 초기 시나 노래들 대부분이 친구인 한스 오토 뮌스터러의 기록으로 전해진다. 그는 기억을 더듬어서 브레히트와 친구들이 함께 낭송하거나 노래로 부른 것을 정리하여 후세에 남겼다. 이것만 보아도 브레히트의 집단적인 창작 방식을 알 수 있다. 그의 시는 고독하게 홀로 책상에 앉아서 생각해 낸 것이 아니라 친구들과 함께 야외에서 또는 "우리" 안에서 기타의 선율에 맞춰 찾아낸 것이다. 그중 적지 않은 것들이 알려진 멜로디나 텍스트에 대한 패러디 아니면 풍자였다.

브레히트는 아주 일찌감치, 즉 1913년부터, 시인으로 인정을 받고자 했던 것이 분명하다. 그러기 위해서는 전술이 필요했는데 그는 시대적 사건을 현실적으로 평가하고 출판기관이 자신의 글을 실을 수밖에 없게끔 하는 글쓰기 기술을 구사했다. 그리고 그는 자기 비판적이었다. "나는 훌륭한 그림을 그렸으면 좋겠지만 재능이 없다."(GBA 26, 65쪽)

> 나는 나의 심장을 지휘한다. 나는 내 심장에 대해서 계엄령을 내린다. 산다는 것은 아름답다.
> 베르톨트 브레히트, 〈일기〉, 1916년 10월 21일, GBA 26, 108쪽

이런 자기비판 외에도 〈일기 10호〉에는 젊은 브레히트가 앓았던 심한 심장병에 관해서 기록되어 있다. 그해 여름에 그는 의사의 처방을 받아 바트 슈테벤이라는 온천장에서 요양했다. 온천장에서 보낸 요양생활에 관해서는 이 일기장에 잘 기록되어 있으며 여기에는 브레히트의 음악적 관심도 나타나 있다. 브레히트는 심장병이 주는 통증을 의사록처럼 메모하면서 자신의 병에 거리를 두었다. 전혀 자기 연민에 빠지지 않았고 오히려 최선을 다해 통증을 억제하려고 했다. 일생 동안 따라다닌 심장병도 그의 텍스트에서 명랑하고 풍자적인 어조를 지울 수는 없었다. 브레히트는 심장병 때문에 자주 학교를 결석해야 했고 친구들과 함께 운동할 수도 없었으며 당시 유행이던 도보 여행을 떠나기도 어려웠다. 하지만 심장병 때문에 그가 징병 검사에서 불합격 판정을 받은 것은 다행스런 일이었다.

일기에서는 브레히트의 사업적 센스도 읽을 수 있다. 1913년 8월 브레히트는 게바이어와 잡지 간행 계획을 협의했다. 처음에는 잡지 이름을 《타크》라고 불렸는데 아마도 이것이 나중에 《에른테》로 바뀐 것으로 생각된다. 게바이어는 자신이 텍스트의 레이아웃을 맡는 대가로 1마르크를 요구하면서 신문 제작에 관련된 다른 일은 선심을 쓰듯 브레히트에게 맡기려고 했다. 브레히트가 자기에게 돌아올 이익금을 계산해 보니 25페니히밖에 되지 않았다. "그는 내가 어리석다고 생각하는 모양이다"(GBA 26, 69쪽)라고 브레히트는 일기에 적고 있다. 일기장에 나오는 이런 기록은 친구들 사이에 불붙기 시작한 "문학열"(Hillesheim, 2005, 43쪽)이 부르주아적인 의미의 순수 문학적 가치를 중요시한 것이 아니라 문학으로 돈도 벌려고 했다는 사실을 입증한다.

1914년 8월 독일 국민이 거족적으로 제1차 세계대전에 참가하는 것을 계기로 브레히트는 아우크스부르크 지역 신문에서 열광적이고 애국적인 텍스트의 저자로 자리를 굳혔다. 브레히트는 의도적으로 당시 유행하던 장르를 따름으로써 자기의 논설문을 출간하는 데 도움이 되는 올바른 어조를 찾아냈다. 예컨대 브레히트는 《아우크스부르거 노이에스테 나하리히텐》이라는 신문에 나오는 전황 보도 기사인 〈독일의 전선에서 온 편지〉를

제1차 세계대전

복사해 그 옆에다 자신이 쓴 〈아우크스부르크의 전선에서 온 편지〉를 곁들여서 경쟁지인 《뮌헨-아우크스부르거 아벤트차이퉁》에 실었다.

브레히트 동아리 1915년에 그는 친구인 막스 호엔에스터를 위한 중재자 역할을 맡아서 성과를 냈고 이로써 인맥과 영향력이 있음을 과시했다. 이것으로 동아리 내에서 브레히트의 위상이 높아졌다. 그는 동아리의 중심이 되려고 했으며 친구들은 그의 이런 요구를 인정했다. 루돌프 하르트만과 게오르크 판첼트(별명 오르게)는 같은 동네 친구들이고 오토 뮐러아이제르트(하이 또는 하이가이), 오토 베촐트(베츠), 게오르크 가이어, 루돌프 프레스텔, 카스파 네어(카스), 요한 하러, 프리츠 게바이어는 학교 동창생들이었으며, 1917년부터는 한스 오토 뮌스터러가 동아리에 가담했다. 브레히트가 중심이 된 동아리 모임은 1916년 9월 20일에 결성되었다고 전해진다. 그들은 공개적으로 회합을 가졌는데 주로 브레히트가 삽입곡을 노래하는 음식점에서 만났다. 이래서 이 동아리는 등불, 바이올린 그리고 기타를 들고 정기적으로 시가지를 돌아다녔다. 브레히트는 바이올린이나 기타의 기동성을 살리며 연주했다. 1916년에는 물자전쟁이 이미 끔찍스런 대량학살로 변했는데도 이들은 전쟁에 대해서는 전혀 관심이 없었다. 브레히트와 친구들 간의 우정이 나치 시

파울파 반홀처 및 친구들과 함께한 소풍(1918년)

대와 전쟁을 겪고 나서도 이어진 경우가 적지 않은 것은 특기할 만한 일이다. 무대미술가 카스파 네어의 경우에는 두 사람 간의 우정이 전후에도 긴밀한 공동 작업으로 승화되었다.

동아리는 브레히트의 시적인 언어를 결정적으로 변화시켰다. 그는 도전적이었고 불손했으며 건방졌고 반어적이었으며 자의식이 강했다. 한번은 프리드리히 실러의 희곡의 한 장면인 '발렌슈타인의 진영'에 관한 학생 작문을 쓰면서 현대전에 비하면 이 희곡은 "독한 맥주를 파는 10월의 민속 축제"와도 같아 보인다고 했다. 이로 인해 처벌은 받지 않았다. 하지만 1916년 브레히트가 조국을 위해서 죽는 것은 달콤하고 영광스런 일이라는 호라티우스의 격언을 해설했을 때는 거의 퇴학 처분까지 받을 수도 있었다. 브레히트는 "얼간이들"이나

"어두운 문을 통해서 가볍게 뛰어 들어간다고 말하는" 허영을 발휘할 수 있을 것이라고 하면서 "해골 모양을 한 죽음의 신이 그들 자신에게 다가오면 그들은 방패를 등 뒤에 대고 이 격언을 생각해 낸 지휘관의 살찐 궁중 익살광대가 필리피에서 그랬던 것처럼 줄행랑칠 것이다."(Frisch/Obermeier, 1975, 86쪽 이하)라고 썼다. 학교에서 종교 과목을 가르치던 베네딕트수도회 신부 로무알트 자우어가 브레히트를 옹호하고 나서지 않았다면 훈계로 끝나진 않았을 것이다.

초기에 발표한 글에서 브레히트는 "베르톨트 오이겐(Bertold Eugen)"이라는 필명을 써서 자신을 숨겼지만 "베르트 브레히트"라는 실명을 쓰기 시작했다. 학생으로서 그는 시내에서 알려진 작가가 된 후 《아우크스부르크의 최신뉴스》에 1916년 7월 13일 〈포르트 도날드의 철도부대의 노래〉를 실었지만 더 이상 텍스트를 발표하지는 못했다. 그의 텍스트에 나오는 무신론과 비속함은 전쟁 때문에 고단한 사람들의 정서에는 더 이상 적합하지 않은 것이었다.

그러는 사이 동아리 친구들 간에 본격적인 문학 논쟁이 벌어졌다. 하지만 삶 그 자체도 점점 문학화 또는 유희적으로 되어 갔기 때문에 허구와 실제가 더 이상 구분되지 않았다. 동아리가 시민사회를 도발하는 존재로 아우크스부르크 역사에 남게 되었지만 그들의 활동이 아주 반시민적이어서 저항에 부딪쳤을 것 같지는 않다. 이 그룹에 대한 보고서는 사교적인 젊은이들이 재미를 보려했고 다른 사람들도 재미있게 해주려 했다고 전하고 있다. 가블러의 술집에서 브레히트가 한 카바레 식 공연(예컨대, 괴테의 〈신과 인도 사원의 무희〉를 가지고 하는 노래 삽입곡)에 대한 반응은 대체로 우호적이었다.

브레히트는 1917년 3월에 전시 고등학교 졸업시험을 봄으로써 재학 연한을 단축해서 졸업했다. 사람에 따라서 다소간 차이는 있어도 그의 동급생들은 대부분 이미 자원입대한 다음이었다. 그해 5월 그는 입대 연기를 한 후 1917~1918년 겨울 학기에 뮌헨 대학교에 등록했다. 그는 "철학 및 의학부 학생"으로 등록했지만 주로 연극학을 가르치는 아르투어 쿠쳐 교수의 세미나에 참석했다. 뮌헨으로 이사를 갔다고 해서 브레히트가 아우크스부르크에 등을 돌렸다는 뜻은 아니다. 1920년까지 그는 아우크스부르크와 뮌헨을 왔다 갔다 했으며 그래서 동아리는 몇 해 동안 더 유지될 수 있었다.

BERTOLT BRECHT

명성으로 가는 길:
아우크스부르크와 뮌헨에서 작가로서 최초의 성공
(1917~1924년)

전시 고등학교 졸업시험을 봐서 졸업하면 후방 지원업무에 자원하도록 되어 있었다. 브레히트는 1917년 4월부터 이 업무를 수행했으며 가능하면 전쟁에 나가지 않으려는 생각을 항상 하고 있었다. 그러기 위해서는 의학부에 등록하는 것도 이로울 듯해 보였다. 그는 얼마간 회피하다가 1918년 5월 징병검사를 받았는데 불합격 판정을 받아 징집이 보류되었다. 이로써 그는 자신의 자유를 지킬 수 있었고 시인이 되려는 직업적 소망을 실천할 수 있는 가능성을 갖게 되었다.

군복무

브레히트는 병역을 완전히 피해 갈 수 없었다. 브레히트의 아버지는 브레히트가 보충역 근무를 하지 않도록 하기 위해 몇 가지 조치를 취했지만 브레히트는 1918년 10월부터 1919년 1월까지 위생병으로 아우크스부르크의 임시 야전병원에서 근무해야만 했다. 아마 브레히트 자신의 과장인 것 같긴 하지만 전해지는 말에 따르면 브레히트는

> 나는 늘 나의 견해를 잊어 버리곤 하는데, 그걸 외우려는 결단을 못 내린다.
>
> 베르톨트 브레히트, 〈일지〉, 1920년 8월 24일, GBA, 26, 139쪽

여기서 후송되는 병사들의 성병을 고쳤다고 한다. 이에 비해서 그가 대부분은 사복 차림에다가 노랑 구두(!)까지 신고 출근했으며 진지하게 근무할 태세가 되어 있지 않았다는 것은 입증되었다.

브레히트는 1916년 파울라 반홀처라는 여인을 알게 되었는데 1917년부터 둘은 밀접한 관계가 되었고 1919년에는 두 사람 사이에서 아들 프랑크가 태어났다. 브레히트는 책임을 지고 결혼하려고 했지만 파울라의 양친은 그를 사위로 맞아들이지 않았다. 파울라는 임신 기간 중에 알고이의 킴라츠호펜에 숨어 살았고 출산한 후엔 대체로 독립해서 살아갔다. 그녀는 뮌헨에서 브레히트와 만나면 늘 결혼 계획을 세웠지만 1924년 상업에 종사하는 다른 남자와 결혼했다. 브레히트는 아들을 돌보려고 했지만 아들 프랑크는 파울라 부부 밑에서 자랐다. 프랑크는 1942년 히틀러의 병사로 참전했다가 소련 공군의 공습을 받은 전방 영화관에서 사망했다.

파울라 반홀처와의 관계가 지속되는 동안인 1920년 말 브레히트는 아우크스부르크의 시립극장에서 성악가로 출연하던 마리안네 초프를 알게 되었다. 그는 무턱대고 그녀의 의상실로 찾아가서 애인이 되겠다고 했다. 마리안네는 뮌헨에 사는 연모자를 포기할 생각이 전혀 없었기 때문에 두 사람의 관계는 처음부터 불확실한 것이었다. 그녀의 애인 이름은 오스카 카밀루스 레히트였는데 나이가 지긋하고 유복한 상인이었다. 이로 인해서 둘 사이엔 항상 긴장이 감돌았고 초프는 임신을 하자 낙태를 결행했다. 두 번째로 임신을 했을 땐 아이가 사생아로 태어나지 않게 하기 위해서 브레히트와 마리안네는 마침내 1922년 11월 결혼식을 올리게 된다. 브레히트는 초프가 출산만 하면 곧 그녀와 이혼하고 파울라와 결혼하겠노라고 파울라에게 약속했다고 한다. 1923년 3월 12일 한네가 태어났고 마리안네와의 이혼은 1927년에야 이루어졌다. 이때 브레히트는 베를린에 가 있었고 거기서 새로 만난 여배우 헬레네 바이겔과 또 다른 후손을 만들었다. 그의 모토는 "브레히트의 어린애들이 무럭무럭 자라게 하라"였다.

여인들 이야기 자체보다는 26세의 젊은이가 세 명의 여자와의 사이에서 세 명의 아이를 낳았는데 제대로 된 직업이 없었고 게다가 전후 인플레가 심한 어려운 시절을 살아갔다는 사실이 주목할 만하다. 이 사실은 그의 두드러진 자의식을 증명할 뿐만 아니라 브레히트가 미래에 대한 불안이 없었으며 삶에 희망을 걸었음을 보여준다. 그의 심장병도 이를 막지 못했다.

브레히트 자신은 1918년에 썼다고 하지만 아마도 1917년에 쓰인 것으로 보이는 시 〈죽은 병사의 전설〉을 통해 브레히트는 명성을 얻게 되었다. 바이마르 공화국에서 이 시는 카바레 공연의 고정 프로그램이 되었고 스캔들과 법정 고발로 이어졌다. 1923년에는 이 시로 인해서 브레히트의 이름이 나치의 블랙리스트에 오르게 되었는데 그것도 다섯 번째의 저명인사 자리였다. 이런 일들은 그러나 젊은 브레히트에게 별다른 영향을 주지 못했다. 제대로 된 혁명도 아니긴 하지만 11월 혁명 직후 그리고 구스타프 노스케가 유혈 진압한 스파르타쿠스 봉기 후인 1919년 초에 그는 극작품을 썼다. 이 작품은 당시 상황에 대한 놀랄 만한 지식을 보여 주었으며 전후에 재산을 소유한 시민계급을 사건 진행의 중심에 두었다. 브레히트는 〈스파르타쿠스〉라고 제목을 붙인 이 희곡을 1919년 2월 리온 포이히트방어에게 검토를 부탁했고 이로 인해서 그와 친분을 맺게 되었다. 최종 제목인 '한밤의 북소리'는 포이히트방어의 부인 마르타가 제안한 것이다. 당시 유명한 작가였던 포이히트방어는 처음엔 "아주 젊은 사람"(BC, 66쪽)이 낯설게 보이긴 했지만 당장 그의 재능을 알아보았고 곧 그와 협력하기로 했다. 일생 동안 계속된 우정이 싹트기 시작했다. 물론 (아마도 포이히트방어의 점잖은 겸양 때문이겠지만) 이들 사이에는 일정한 거리가 유지되었다. 포이히트방어는 일생 동안 토마스 만의 긍정적인 상극이었다. 그런데 브레히

129쪽
'한밤의 북소리'
이하 참조

트는 자기 자신을 연출하기 위해서 유명한 상대역을 필요로 했기 때문에 토마스 만을 대척자로 구축했다.

1919년 10월부터 1921년 1월까지 브레히트는 독립사민당(USPD)이 자금을 대는 신문인 《폴크스빌레》에 아우크스부르크의 시립극장 공연에 대한 20여 편의 연극평을 실었다. 독립사민당의 노선과는 무관한 연극평들은 공격성과 무례한 어조가 특징이었고 그래서 브레히트는 명예훼손으로 고소당했고 극장출입금지처분을 받았다. 이때 쓴 연극평에서 동시대의 연극술에 대한 비판이 시작되었는데 이것은 1920년대에 브레히트가 주력한 일이었다. 브레히트는 당시 연극이 너무 타락하여 구제불능이라고 보았다. 그는 이 시기의 연극평과 그 후 자신이 쓴 극작품을 가지고 독일의 시민적인 연극을 죽이고 새로운 연극 형식을 도입하는 데 몰두했으며 이것은 "서사극"이라는 이름으로 알려지게 되었다.

1920년 5월 1일 어머니가 유방암으로 사망한 후 브레히트는, 아우크스부르크와 완전히 단절하지는 않았지만, 뮌헨에서 생활하는 시간이 많아졌다. 하지만 그는 작가로서 알려지기 위해서는 뮌헨이 적합한 곳이 아니라는 것을 의식하고 있었던 것이 분명하다. 그래서 1920년 2~3월에 그는 최초의 베를린 탐색 여행을 했다. 당시 그의 편지들은, 그가 사업 관계를 맺고 자신의 극작품을 무대에 올리기 위해 노력했지만 성과가 없다는 내용으로 가득하다. 그에게 대도시는 강렬한 인상을 남기기도 했지만 동시에 거부감도 줬다. 속도, 거리 그리고 옹색함으로 인해서 대도시는 인간의 공동생활을 근본적으로 변화시켰다. 그는 앞으로 이런 사실에서 주제를 택하게 된다.

이 시기에 브레히트가 어떻게 경제적 어려움을 견뎠는지는 자세히 알려지지 않는다. 영화계에 발을 붙여 보려는 시도는 실패로 돌아갔다. 또한 조판이 끝난 희곡 《바알》의 출간도 게오르크 뮐러 출판사가 검열 때문에 취소하는 바람에 실패했다. 브레히트는 끊임없이 숙소를 옮겨 다녔고 식사도 부실했으며 자녀들과 그 어머니들의 생활비 문제로 걱정하면서 떠돌이 생활을 했다. 1921년 1월 그는 중증 영양실조로 베를린 샤리테 병원에 입원하기까지 했다. 여기서 그는 새로운 여자 친구 도라 만하임의 약혼자인 에른스트 볼하임의 보살핌을 받았다. 진단명은 영양부족에다 과음이었다. 먹을거리보다는 알코올을 더 쉽게 얻을 수 있었던 것이다.

1921년 9월 뮌헨의 《데어 노이에 메르쿠어》에 〈바르간은 포기한다〉라는 모험담이 실렸다. 브레히트 자신도 인정했듯이 이 작품의 발표는 그에게 도움이 되었다. 동성애를 하는 한 쌍을 주제로 한 이 황량한 단편 소설

127쪽
'바르간은 포기한다' 이하 참조

은 1921년 11월부터 1922년 4월까지의 두 번째 베를린 여행에서 그를 문학 유망주로 만들었다. 그는 여러 출판사들과 협상을 한 후 1921년 12월 에리히 라이스 출판사와 총괄적 계약을 체결하고 《바알》 및 1920~1924년에 쓴 희곡 작품에 대한 판권을 위임했다.

물론 이 계약에 구애되지 않고 브레히트는 다른 출판사들과 계약을 맺어 월급 지불과 같은 더 좋은 조건을 얻으려고 했다. 브레히트가 마지막까지 서명한 계약이 얼마나 되는지 전부 조사되지는 않았다. 라이스 출판사와 체결한 계약을 파기한 다음에는 키펜호이어 출판사와 총괄적 계약을 맺었다. 그는 이와 동시에 다른 극작품을 또 다른 출판사에 제공하는 권한을 확보한 듯이 보인다. 다른 성공도 뒤따랐다. 뮌헨의 캄머슈필레 극장에서 1922년 9월 〈한밤의 북소리〉가 초연된 것이다. 이 공연을 보기 위해 일부러 베를린에서 온 영향력 있는 비평가 헤르베르트 예링은 이 극작품을 전설적인 말로 극찬했다.

> 스물네 살의 시인 베르트 브레히트는 하룻밤 사이에 독일의 문학적 면모를 바꿔 놓았다. 베르트 브레히트와 함께 새로운 어조, 새로운 멜로디, 새로운 비전이 나타났다.
> 헤르베르트 예링, 《베를린어 뵈르젠-쿠리어》,
> 1922년 10월 5일, BC, 144쪽

10월엔 그의 최초의 성공이 이루어진 극장에서 드라마 투르크로 계약을 맺었고 11월에는 1922년도의 클라이스트 문학상 수여를 담당한 예링이 브레히트를 수상자로 결정했다. 브레히트에게 예링은 리온 포이히트방어와 마찬가지로 행운이었다. 그는 우파 대척자인 알프레드 케르와 함께 독일의 가장 중요한 연극 비평가였다. 그가 훗날에도 브레히트를 지속적으로 지지한 반면 알프레드 케르는 브레히트의 "졸작품"에 대한 가장 강력한 비판자로 두각을 나타냈다. 그리하여 브레히트는 문학계뿐만 아니라 연극계에서도 두 사람의 친구와 두 사람의 적을 가지게 되었고 이들의 찬반양론은 브레히트가 공공 생활에서 지속적으로 주목의 대상이 되도록 해주었다.

브레히트는 클라이스트 상을 받는다

1921년 12월 브레히트는 뮌헨에서 네 살 연상인 아르놀트 브로넨을 알게 되었는데 그는 표현주의 극작품인 〈부친 살해〉(1919)를 통해서 어느 정도 유명했다. 이들은 문학창작회사를 설립하여 공동 작품을 집필하기로 결의하고 〈아순시온의 모험〉이라는 영화 초안을 썼다. 카를 크라우스는 두 사람을 바그너의 〈니벨룽겐의 반지〉에 나오는 거인의 이름을 따서 "파졸트"라고 불렀다. 그도 그럴 것이 브레히트는 자기 이름 'Bertold'의 끝 자를 브론넨(Arnolt Bronnen)의 이름에 맞춰서 "베르톨트"

(Bertolt)라고 고쳤다. 이 표기는 약자 "베르트"(Bert)와 함께 이때부터 구속력을 가지게 되었다.

포이히트방어가 〈한밤의 북소리〉를 뮌헨의 캄머슈필레 극장에 소개해서 공연을 성사시킨 이후 브레히트와 그는 1923년 후반기와 1924년 초에 걸쳐 크리스토퍼 말로의 희곡 〈영국 왕 에드워드2세의 생애〉를 번안했다. 브레히트는 원래 드라마투르크로서 셰익스피어 공연을 맡도록 예정되어 있었지만 아직은 대선배작가의 작품을 할 엄두를 내지 못했다. 공동 작업에 관해서 그리고 작품 제작 시의 불화에 대해서는 일화가 많다. 마르타 포이히트방어가 전하는 바에 따르면 과도하게 담배를 피워 대는 가운데 작업을 진행했고 살인도 불가능하지 않아 보일 정도로 격한 논쟁이 자주 있었다고 한다. 예컨대 어떤 때는 쉼표 하나로 의견이 대립되었는데 브레히트는 쉼표가 있어야 된다고 주장했고 포이히트방어는 이를 절대로 허락하지 않으려고 했다. 브레히트는 분에 치를 떨면서 집을 뛰쳐나갔다가 밤중에 돌아왔다. 포이히트방어 부부는 이미 잠들어 있었는데 그는 창문을 올려다 보면서 포이히트방어가 옳았다고 소리치고는 다시 돌아갔다고 한다. 〈에드워드〉의 경우에는 포이히트방어가 그에게 작품을 양도하도록 하는 데 성공했다. 다만 판권 표시에 "이 극작품은 포이트방어와 공동

〈영국 왕 에드워드 2세의 생애〉

으로 썼음/베르트 브레히트"(GBA 2, 8쪽)라는 부가문을 달기로 두 사람이 합의했다. 〈캘커타, 5월 4일〉의 경우에는 두 사람이 그 반대의 방식을 취했다.

1924년 3월에 브레히트는 베를린으로 완전히 이사할 준비를 했고 1924년 9월에는 베를린에 도착해 여배우 헬레네 바이겔의 집에 숙소를 정했다. 그는 브론넨을 통해서 1년 전에 그녀를 알게 되었고 사랑하게 되었다.

BERTOLT BRECHT

수도의 정글 속에서:
극작가 베를린을 정복하다(1924~1933년)

베를린으로 완전히 이주

이주는 잘 준비된 것이었다. 그도 그럴 것이 같은 해에 베를린에서 브레히트의 극작품 두 편이 명배우들의 출연과 일류급 연출가들의 연출로 공연되었다. 〈정글 속에서〉(이후 〈도시의 정글 속에서〉으로 바뀜)가 에리히 엥엘의 연출로 도이체스 테아터에서, 그리고 〈영국 왕 에드워드 2세의 생애〉가 위르겐 펠링의 연출로 주립극장에서 무대에 올랐다. 브레히트는 1924년 9월부터 1925년 7월까지 도이체스 테아터에서 드라마투르크의 직책을 맡았기 때문에 〈정글 속에서〉의 연출을 직접 돌볼 수 있었다. 이를 계기로 해서 엥엘과의 공동 작업이 시작되었다. 〈에드워드2세의 생애〉의 연출에 참여하는 것은 실패했다. 브레히트가 연습 도중에 "전부 개똥같다"라고 끊임없이 야유를 해서 펠링의 연출 컨셉트에 반감을 표시했기 때문에 펠링은 그를 문밖으로 쫓아내 버렸다.

〈에드워드 2세의 생애〉의 작품 제작으로 인해 예링과 케르 사이에 비평가 전쟁도 일어났다. 여기에는 브론넨도 함께 말려들었는데 1924년 11월에 그의 〈카탈로니아의 전투〉가 초연된 바 있다. 그래서 이 두 명의 "파졸트"*는 독일 문단에서 젊은 아방가르드 문학의 전형이 되었다. 사회에서는 싸움이 이렇게 보였다. 즉, 예링은 질이 낮은 작가의 중요하지 않는 작품을 과도하게 칭찬하고 케르는 자신의 유죄 판결을 통해서 작가들이 아니라 그의 동료를 겨냥하려고 하는 것으로 말이다. 바이마르 공화국 시절 내내 예링의 호평과 케르의 혹평이 브레히트의 모든 극작품을 따라다녔다. 그래서 브레히트도 케르의 비평에 대해서 여러 번 풍자적인 답변을 했다.

브레히트는 키펜호이어 출판사와 계약을 맺고 있었기 때문에 1925년 1월 1일자로 엘리자베트 하우프트만을 편집부 직원으로 취직시킬 수 있었다. 그녀는 브레히트의 아틀리에 주택인 슈피헤른가 16번지에서 일을 해도 좋다는 양해를 받아 냈다. 브레히트와 하우프트만이 1924년 11월에 서로 알게 된 이후 그녀는 그의 중요한 동료이자 애인이 되었다. 그녀는 브레히트를 위해 일했지만 번역으로 생활비를 벌면서 그에게 전적으로 의존하지 않으려 했다.

1925년 2월부터는 하우프트만 이외에 에밀 헤세-부리

---

*전설에 나오는 거인으로 브레히트와 브론넨에게 카를 크라우스가 조소적으로 붙인 별명임

베를린의 아틀리에 주택에서 엘리자베트 하우프트만과 함께(1927년)

(또는 부리)가 작업 팀에 가담했다. 브레히트는 권투 경기에 열광했다. 분명한 규칙과 전문적으로 훈련된 관중이 있고 명백한 승리자가 나올 때까지 하는 이 운동 경기야말로 연극의 모범이라고 그는 선언했는데 이제 같은 성향을 가진 동료를 만나게 되었다. 공동 작업은 1925년에 〈갈가이〉 프로젝트로 시작해서 1926년에는 전기(傳記) 인터뷰라는 새로운 장르의 〈권투선수 삼손-쾨르

집단적인 작업 방식

너의 이력서, 그 자신이 이야기하고 베르트 브레히트가 기록함〉과 〈도살장의 성 요한나〉(1929~1931)를 거쳐서 〈예외와 관습〉(1932)에 이르기까지 계속되었다.

브레히트가 1924년 7월에 시작한 〈제이-도축업자〉 프로젝트를 1925년에 실행하려 했을 때 그는 어떻게 시세를 조작하는지 알아내기 위해서 자본주의적인 사업세계에 대한 자료를 조직적으로 수집하기 시작했다. 시세 조작을 규명하고자 하는 브레히트의 관심은 흔히 추측하는 바와 같이 마르크스에 근원이 있었던 것이 아니라 프랑크 노리스의 장편소설 《곡물시장》에서 연유한 것이다. 이 소설이 〈제이-도축업자〉 프로젝트의 선례가 된 것이다. 이 소설의 플롯은 〈도살장의 성 요한나〉에 포함되어 있다. 그러나 브레히트는 그런 플롯의 배경을 묘사하기 위해서는 이 소설만으로 충분하지 않다고 생각했으며 노리스가 묘사한 "시세 앙등" 조작이 실제로 사회적인 현실에 맞는 것인지 알고자 했다. 그래서 그는 동생 발터가 1925년 5월부터 뉴욕의 친척 집에 머물고 있는 기회를 이용했다. 그는 이런 직접적인 방식으로뿐만 아니라 소설이나 문예란을 통해서도 정보를 얻고자 했다.

> 153쪽
> '도살장의 성 요한나' 이하 참조

〈도살장의 성 요한나〉가 마르크스주의적인 토대를 가지고 있다는 주장과 함께 시집 《베르트 브레히트의 가

BERTOLT BRECHT

> 그대들이 찾고 있는 자가 누구이든 간에 나는 아니다.
> 베르톨트 브레히트, 〈제4번 시편〉, 1920, GBA 11, 33쪽

〈죽은 병사에 관한 전설〉을 둘러싼 물의 32쪽 이하 참조

정기도서》의 간행 연도에 대한 전설이 무성하다. 이미 1922년부터 키펜호이어 출판사에서 예고는 했지만 (키펜호이어의 편집자였던 헤르만 카작이 브레히트와 함께 이 책 작업에 여러 번 참여했다) 이 시집은 1927년에야 나왔다. 그런데 키펜호이어가 아니라 울슈타인 콘체른의 프로필레엔 출판사에서 나왔다. 동시대의 수용사에서는 브레히트가 이 책을 출간할 출판사를 찾지 못했다고 여겼다. 1951년에 엘리자베트 하우프트만은 다르게 설명했다. "키펜호이어 출판사 내부에서 독일 국민당계의 자금이 〈죽은 병사의 전설〉을 …… 싣는 데 반대했다. 그래서 키펜호이어와 맺은 계약이 전부 수포로 돌아갔다. 프로필레엔 출판사(울슈타인)는 많은 출판인들이 보기에 점점 더 정치적 성향을 보이는 브레히트를 저자로 받아들였다."(GBA 11, 301쪽) 그런데 출판사가 여러 번 독촉을 하고 마침내는 월간 지급금을 중단했음에도 브레히트는 《가정기도서》의 원고를 계획적으로 제출하지 않았다. 그는 이 시집을 이중으로 팔려고 했기 때문이다. 울슈타인과의 협상은 늦어도 1926년 1월에 시작되었고 성공한 것이 분명하다. 그래서 키펜호이어는 5월에 계약을 포기하지 않을 수 없었다. 다만 약간 편집을 달리한 《포켓판 기도서》라는 제목의 시집 25부가

1926년에 자비로 출판되었다.

브레히트의 돈벌이 행위는 한편으로는 1928년 8월 〈서푼짜리 오페라〉가 성공할 때까지 그리고 그 이후로도 지속된 경제적인 곤궁에서 비롯된 것이고 다른 한편으로는 경제적 상황에 대한 정확한 지식에서 나온 것이기도 하다. 그는 극작품 집필에 활용하기 위해서만 경제 지식을 습득한 것은 아니다. 게다가 그는 자의식이 강한 자기 평가를 해서 자신의 시장 가치는 구매자가 아니라 자신이 정한다고 생각했던 것이다. 브레히트는 기술 발전이 진행되는 사회는 영화사, 극장, 영화관 또는 신문사와 같은 "기구"가 지배하며 모든 예술작품은 분명한 상품이되었다고 선언했다. 따라서 작가는 상품의 생산과 판매를 조직해야만 된다는 것이었다. 작가가 작품을 생산하기 위해서 약간의 고독, 책상, 종이 그리고 펜만 있으면 되었던 시대는 완전히 지나갔다는 것이다. 작가는 생산자가 되었으며 생산은 집단적인 것이기 때문에 공동 작업을 조직하고 거리낌 없이 세계문학을 이용해야 된다는 것이었다. 당시엔 이런 것을 표절이라고 했지만 오늘날은 상호텍스트성이라고 한다.

그러나 집단적 작업 방식은 문제점도 수반했다. 비교적 대대적인 표절 사건이 세 번 있었는데 모두 신문에서 장황하게 논의되었고 수백만의 독자를 위해 연출되었

반복된 표절 시비

다. 1924년 헤르바르트 발덴은 브레히트가 〈정글〉에서 랭보를 인용한 것을 적발했다. 브레히트는 알다시피 무대에서 "인용부호를 표시할 수 있는" 기술은 아직 개발되지 않았는데 간행된 책에서는 이것을 표시했다고 아주 간단히 대답했다.(GBA 21, 103쪽) 〈서푼짜리 오페라〉와 관련해서는 1929년 알프레드 케르가 제기한 표절 시비가 유명하다. 그는 차용을 확인하는 데 거의 1년이 걸렸고 또 〈노래〉의 책도 필요로 했다. 브레히트는 이에 대해 자신은 "지적 재산권 문제에서 근본적으로 안이한" 자세를 가지고 있다는 말로 변명을 했고 "표절의 힘과 순진성"으로 인해서 우수했던 문학의 전성기가 있었음을 지적했다.(GBA 21, 316, 323쪽) 1930년에는 마침내 브레히트가 〈마하고니 시의 흥망성쇠〉에서, 자신 쓴 '15장의 연극'인 〈한 명의 주민이 사는 대도시〉를 베꼈다고 주장하는 발터 길브리히트라는 사람의 공개적인 통보가 브레히트에게 전달되었다. 이 사건은 브레히트가 1928년에 길브리히트의 원고를 보기 전인 1927년 12월에 그 텍스트를 완결했다는 사실만으로 자체 해결되었다. 브레히트는 "길브리히트 같은 사람들"은 표절할 수가 없다는 간단한 메모로 대답했다.

브레히트가 1920년대 후반에 보여 준 엄청난 창작열을 평가하기 위해서는 바이마르 공화국의 경제적 상황을 떠올려 볼 필요가 있다. 1924년의 렌텐마르크 도입과 도즈 플랜으로 경제가 안정되어 본격적인 경기 상승이 시작되었으며 이 시기는 "황금의 20년대"라고 역사에 남게 되었다. 바이마르 공화국 시대에 브레히트가 이룩한 성공은 그가 새로운 문화 산업을 꿰뚫어 보고 최대한 이용했기 때문에 가능했다. 그러면서도 그는 끊임없이 이런 문화산업의 결정적인 몰락을 예언하며 힘껏 그 몰락에 가담하려고 했다. 그는 모든 장르에서 작업을 했고 이용할 수 있는 모든 기구에서 일했다. 그는 신문과 잡지 그리고 '오락성 예술' 매체에도 끊임없이 시와 쇼트스토리를 발표했고 모든 가능한 설문에 참여했으며 서평과 이론적인 논설을 쓰면서 광범위한 독자층에게 자신이 지금 무엇 때문에 웃고 있는지를 감추지 않았다. 그는 토마스 만을 야유했다. 그의 자녀(클라우스 만)들 세대에 대해서 토마스 만이 〈일기〉에서 한 표현에 대해 브레히트는 조소를 했는데 이에 대해 토마스 만은 《베를린어 타게블라트》 신문에 반론을 실었다. 토마스

매체에 현존

> 그(토마스 만)의 견해는 그와 나의 세대 차이가 아주 근소하다는 것이다. 거기에 대해서 나는 이렇게 말할 수 있을 뿐이다. 마차와 자동차 사이에 혹시 일어날 수 있는 논쟁에서 차이가 근소하다고 생각하는 측은 마차임이 틀림없을 것이다.
>
> 베르톨트 브레히트, 〈세대 차이〉, GBA 21, 160쪽

만은 "주의 깊은 베르트 브레히트"로서는 자신의 서투른 표현 때문에 "풍자를 쓰지 않고는 견디기가 너무 어렵다"(BC, 220쪽)고 평했다. 그래서 브레히트는 다시금 또 다른 풍자를 쓰게 되었다.

브레히트는 신문뿐 아니라 라디오 방송에서도 활동했다. 그의 희곡 〈남자는 남자다〉와 〈도살장의 성 요한나〉의 일부분을 방송극으로 방송했으며 셰익스피어의 〈맥베스〉 같은 다른 작가들의 텍스트도 라디오를 위해 번안했고 주로 동시대의 연극에 대한 라디오 담화나 대담에 자주 출연했다. 그는 뮌헨과 베를린에서 드라마투르크와 연출가로 활동하면서 사회에 알려졌고 1923년부터는 자신이 쓴 대부분의 극작품으로 연극적 스캔들을 일으켰다. 그에게는 어떤 식의 동의보다는 스캔들이 더 마음에 들었다. 영화 분야에서 자리를 잡는 것은 1930~1931년에야 가능했다. 우선은 〈서푼짜리 오페라〉에 대한 분쟁은 부정적인 영화계 진입이었고 그 다음 영화 〈쿨레 밤페〉로는 긍정적인 진입이었다. 그의 작품은 계속해서 대부분의 독일 무대에서 공연되었다. 그의 극작품들은 베를린에서 많이 초연되었고 뮌헨과 바덴바덴, 프랑크푸르트 암 마인과 라이프치히에서도 여러 번 초연되었다. 〈바알〉은 호프만스탈의 작품 제작을 위한 노력과 재치 있고 아이러니컬한 서막을 통해 1926년에

156쪽
'쿨레 밤페',
이하 참조

는 빈에서까지 공연되었다. 거기다가 각종 희곡과 시집의 출판이 이어졌고 1930~1932년에 6집이 나온 《시도》 시리즈의 출간도 있었다.

당시에 지속적으로 이루어진 대화와 논쟁적 토론, 공동 관극이나 영화 관람 등은 작업 일과에 속했다. 브레히트는 항상 작업이 사교적으로 조직되도록 힘썼다. (그는 혼자서는 지루해 했다) 그렇게 함으로써 비평이 창작을 하는 중에 시작되며 모든 작업에 대한 지속적인 검토가 보장되고 우연에 맡겨지지 않는다는 것이 주된 이유였다. 이런 자세는 필연적으로 브레히트가 바이마르 시대에 많은 사람들을 알게 했고 이들과 우정 관계나 연애 관계를 맺게 만들었다. 그는 베를린의 연극계 전체와 연관되어 있었으며 카를 추크마이어, 알프레드 되블린 그리고 베른하르트 폰 브렌타노 등 당시의 주요 작가들을 전부 알았다.

마리안네 초프가 테오 링겐과 새로운 관계를 맺으면서 마리안네와 브레히트 사이에 다툼이 계속되다가 1927년 11월 두 사람은 결국 이혼하게 되었다. 브레히트는 딸 한네가 링겐에게 나쁜 영향을 받아 자신과 멀어지지 않을까 하고 염려했다. 초프는 1925~1926년의 공연 기간에 뮌스터에서 출연 계약을 맺고 링겐과 동거했기 때문에 두 사람 간의 소시민적인 논쟁은 대부분 편지로 이

마리아네 초프, 브레히트와 이혼

루어지지 않을 수 없었다. 브레히트는 1926년 2월에 초프의 새로운 연애에 대해서 듣고 단언적으로 선언했다. "나는 완전히 내 정신이 아니오. 나는 그 녀석으로부터 아이를 안전하게 구출하기 위해서 모든 것을 할 것이오." 그는 마리안네의 생계 보조금 지급을 중단하고 그녀를 "잃어버린 진지"(GBA 28, 249쪽 이하)라고 선언했다. 테오 링겐뿐만 아니라 헬레네 바이겔도 가정법원에서 증언 거부권을 행사했음으로 부부 두 사람이 다 책임이 있다는 판결을 받았다. 한네는 어머니에게 남게 되었다. 그런데 아이러니는 브레히트가 "그 녀석"과 1929년부터 공동 작업을 했다는 것이다. 브레히트가 연출한 〈학습극〉 공연에서 테오 링겐은 '클라운들' 중의 한 사람 역을 맡았고 〈해피엔드〉에서는 짐 덱스터 역을 맡았다. 생산적이고 유익한 작업에 들어가게 되면 브레히트는 모든 적개심을 무시했다.

아놀트 브론넨의 소개로 브레히트는 1923년 8월 헬레네 바이겔을 알게 되었다. 오스트리아 출신의 바이겔은 고향에서는 이미 재능이 많은 여배우로 통했으며 1922년부터 독일에서 연기를 시작한 이후 독일에서도 그 명성이 이어졌다. 브레히트가 최종적으로 베를린으로 이사한 후 그는 우선 슈피헤른가 16번지에 있는 그녀의 집

헬레네 바이겔
(1920년)

에 숙소를 정했다. 그리고는 그 집을 자기에게 주고 1924년 11월 3일 출생한 아들 슈테판과 그녀가 살 집을 새로 구하라고 졸랐다. 그래서 만삭이 된 그녀는 새 집을 "눈물과 콧물을 흘리며 주택계와" 싸워서 얻어냈다.(Häntzschel, 2003, 106쪽) 이렇게 해서 브레히트는 자유를 갖게 되었다. 세 명의 여인들, 세 명의 자녀들의 부양을 위한 돈 걱정이 떠나지 않았지만 말이다. 브레히트는 첫 번째 애인인 파울라 반홀처를 "비"(Bittersüße의 약자)라고 불렀는데 그녀가 결혼을 함으로써 말하자면 그녀를 떼 버리게 되었지만 프랑크의 양육비는 계속해서 정기적으로 지불해야만 했다. 법적으로 아내인 마리안네와 새로 생긴 애인 헬레네의 비위를 모두 맞춰 줘야만 했다. 발생할지도 모를 불화를 가능한 한 회피하려고 했던 헬레네 바이겔은 브레히트가 구속받지 않는 생활을 할 수 있도록 해주려고 억지로 자기 집을 내주고 나와 살았으며 슈테판을 낳은 다음부터 다시 배역을 맡아 연극에 출연했다. 그래서 브레히트는 자유로운 생활

> 그가 배우들과 하는 작업은 마치 어린이가 강변에 있는 웅덩이에서 회초리를 가지고 조그만 나뭇가지들을 강물로 이끌고 가서 이들이 잘 떠다닐 수 있도록 하려는 노력과도 같다.
>
> 브레히트의 작업에 관해서 헬네네 바이겔이 한 말, Hecht, 2000, 17쪽

을 했다. 그 후 베를린 시절 비서였던 엘리자베트 하우프트만과 그는 집중적인 공동 작업을 하면서 느슨한 연애 관계를 유지했는데, 그녀에게는 브레히트의 공공연한 일부다처주의가 항상 눈에 거슬렸다. 브레히트와 바이겔이 1929년 4월 결혼하자 하우프트만은 자살을 기도하기까지 했다.

바일과 공동 작업

하우프트만과의 작업 이외에 예술적으로 가장 소득이 많은 작업은 쿠르트 바일과의 협력으로 이루어졌다. 브레히트는 1927년 3월 라디오방송에 나온 〈남자는 남자다〉의 서평을 통해 바일을 알게 되었다. 우선 〈루르 서사시〉라는 제목으로 새롭고 재치 있는 장르를 만들어 보자는 즉흥적인 계획으로 협력이 이루어졌지만 결국 좌절되었다. 바일은 독자적으로 〈가정기도서〉의 '마하고니 노래들'을 가지고 노래극 〈마하고니〉를 편집하고 작곡해 바덴바덴의 독일 실내악 축제에서 성공적으로 초연했고(1927) 이를 계기로 공동 작업이 계속되었다. 바덴바덴에서 공연이 있던 날 밤 노래극을 장막 오페라로 확대하자는 계획이 나왔다. 이 프로젝트는 1927년에 예술사와 예술가의 전기에서 유례가 없는 상황으로 발전해서 작가와 작곡가가 공동으로 대본을 쓰게 된 것이다. 그런데 음악은 아직 작곡도 되지 않았고 텍스트와 조정되지도 않은 상태였다. 브레히트는 음악적 경험이

139쪽
'마하고니 시의 흥망성쇠' 이하 참조

없는 사람이 아니었고 바일은 언어의 리듬과 톤을 잘 알아들었기 때문에 1927년 12월에 완성된 작품은 오페라의 역사에서 유일무이하게 완벽한 언어와 음악의 조화였다. 후에 두루미와 구름에 대한 이중창이 보완되었다. 〈마하고니〉로 검증을 거친 협력은 〈서푼짜리 오페라〉의 실현을 신속하게 앞당겼다. 하우프트만은 존 게이의 〈거지 오페라〉를 알게 되었는데 이 작품은 원작이 초연된 후 200년 만에 런던에서 재공연 되어 성공을 거두었다. 그런데 마침 시프바우어담 극장을 인수한 에른스트 요제프 아우프리히트가 자신의 생일인 1928년 8월 31일에 공연할 극작품을 물색하고 있던 중이었다. 그는 대중적인 인기를 끌 수 있는 작품을 선호했다. 브레히트는 아직 쓰지도 않은 〈거지 오페라〉가 이에 적합하다고 설명했다. 브레히트가 하우프트만의 번역을 고맙게 받아들여서 이용한 것은 당연히 공동 창작의 일환이었다. 그리고 늘 제기되는 인용의 분량에 관한 논쟁은 핵심적인 문제가 아니다. 양이 아니라 질이 문제인 것이다. 여기서는 텍스트 작가와 작곡가의 공동 작업이 중요한 것이다. 바일과 브레히트는 대부분의 작업을 1928년 5~7월에 프랑스 남부의 생 시르에서 진행했다. 최종 편집에는 다시 하우프트만이 참가했다. 그렇지만 최종 편집이라고 말할 수 있을지는 의문이다. 초연 당일에도 텍

**142쪽
'서푼짜리 오페라'
이하 참조**

스트를 손질했기 때문이다. 어떻게 해서 초연이 이뤄질 수 있었는지에 대한 뒷이야기도 무성한데 그 진실은 이제 알 수가 없다. 8월 10~31일의 연습 기간은 엄청나게 짧았다. 게다가 폴리 역을 맡은 배우가 교체되어야 했고 하룻밤 사이에 삭제도 많았으며 새로운 노래가 만들어져야 했다. 예컨대 〈매키 메서의 살인 가요〉는 맥의 역을 맡은 배우가 자신을 위한 등장의 노래로 주문한 것이었다. 연습 중에 다툼과 사고가 끊이질 않자 더 이상 아무것도 기대할 수 없는 상황에서 아우프리히트는 은밀히 대안을 찾지 않을 수 없었는데도 공연은 성공했고 이로써 브레히트와 바일은 세계적으로 유명해졌다. 열한 가지의 음반이 나왔고 얼마 후에는 〈마하고니〉 노래가 추가되었다. 이들은 원작자의 이름도 모르는 유행가가 되어 버렸다. 가장 좋은 의미에서 민요라는 노래 자산의 전파는 오늘날까지도 노래하는 사람들이 어디서 유래한 것인지 잘 모르는 가운데 이루어진다. 그럼에도 불구하고 좋은 노래는 전 세계적으로 퍼져 있게 되는 것이다.

바일과 브레히트가 진행한 작업의 두 번째 선로는 바덴바덴에서 매년 독일 실내악 축제로 일반에게 소개되는 '신음악'이었다. 이것은 아방가르드적인 실용음악으로 바일과 브레히트는 이것을 이용해서 새로운 음악적 연

바일과 담소하는
브레히트(1928년)

극의 유형을 개발하려고 했는데 이것이 학습극이었다. 이런 시도는 1929년 성공한 〈린드버그의 비행〉과 〈학습극〉(후일 〈동의에 관한 바덴의 학습극〉)으로 곧 끝나 버리고 말았다. 후자는 굉장한 스캔들을 일으켰기 때문에 바덴바덴 시의회는 축제 행사를 중지하기로 결의했다. 브레히트와 바일 그리고 후일 브레히트와 아이슬러는 새로운 연극의 형식을 〈'예'라고 말하는 사람〉(1930)과 〈조치〉(1930)라는 극작품에서 성공적으로 이어갔다. 바덴바덴에서 중단된 후 신음악 축제는 베를린으로 옮겨갔다. 그런데 브레히트와 아이슬러의 새로운 연극 형식의 실험은 베를린으로 이전된 축제의 틀 안에서 진행되었던 것은 아니다. 축제 개최측은 〈조치〉의 사전 검열을 요구했는데 이것은 브레히트와 바일에게는 일고의 가치가 없는 것이었다.

'학습극'
**148쪽 이하
참조**

브레히트는 아이슬러를 〈마하고니〉 노래극 초연 때 처음 만났다. 아놀드 쇤베르크에게서 배운 아이슬러는 자신을 정치적인 작곡가라고 생각했고 음악계에는 문단과는 달리 브레히트처럼 혁명적인 좌파 예술가가 없고 소시민들만 있음을 매우 유감으로 여겼다. 이것은 브레히트가 〈남자는 남자다〉의 초연으로 인하여 보수적인 신문의 연극평에서 완전히 볼셰비즘과 관련지어졌고 시민사회에서는 공산주의 작가로 취급된 1927년 초였다. 그러나 〈조치〉까지는 어떤 방식으로든 공산주의적이라고 할 만한 브레히트의 텍스트는 없었다. 사실은 신문이, 그리고 〈정글〉(1923) 공연 때 소란을 피웠던 나치가 브레히트의 대도시와 사회에 대한 미학적 분석을 처음부터 혁명적 또는 공산주의적이라고 비방한 것이다. 이런 상황은 이후 학계에서도 중단 없이 계속되었다.

1930년 〈조치〉를 통해 비로소 제대로 시작된 아이슬러와 브레히트의 공동 작업은 의심할 여지없이 그를 정치적으로 만들었다. 그의 정치화가 어느 정도까지 헬레네 바이겔에서 영향 받았느냐 하는 데에 대해서는 이론이 분분하다. 그녀의 비범하고 힘찬 연기가 새로웠고 그녀가 연기하는 등장인물의 강렬한 묘사가 설득력이 있었기 때문에 그녀는 흔히 등장인물과 동일시되었다. 배우가 등장인물로 변신해서는 안 된다는 브레히트의 서사극 원칙에 따라서 그녀는 자신의 역할을 실현했는데도 말이다. 1932년의 동명 희곡에 나오는 '어머니' 이전까지 바이겔이 맡은 역할은 모두 비정치적이었다. 그러나 비평계에서는 1927년 초 〈남자는 남자다〉에 나오는 레오카댜 베크빅의 연기를 정치적이라고 오해했다. 어쨌든 아이슬러는 그가 공산당(KPD)에 입당하여 "로터 베딩"과 "붉은 메가폰" 그룹에서 아지프로(선전선동) 운동을 할 때인 1926년부터 자신의 예술적 창작을 자본주의적인 사회의 혁명적 변화를 위한 기여라고 보았다. 브레히트가 그와 공동 작업을 할 때는 적어도 이런 방향으로 작업을 하지 않을 수 없었다. 그러나 특기할 것은 브레히트가 1927년의 첫 만남을 이용해서 아이슬러를 자신의 작업에 끌어들이지 않았다는 점이다. 협력이 가능해질 때까지는 거의 3년이라는 기간이 필요했다.

사회주의에 대한 브레히트의 지속적인 관심은 1929년부터 시작된다. 1928년 말 브레히트는 카를 코르쉬를 주목하게 되었고 아카데미 맥주홀에서 열린 '과학적 사회주의에 관하여'라는 그의 강의를 몇 번 청강했으며 후일 그가 '마르크스주의 노동자학교'(MASCH)에서 한 강연회에 산발적으로 참가했다. 코르쉬가 노이쾰른의 카를 마르크스 학교에서 '마르크시즘에서 살아 있는 것과 죽은 것'에 대한 강의를 할 때인 1932~1933년 겨울

132쪽
'남자는 남자다'
이하 참조

에 비판적 사회이론에 관한 그의 관심이 강화되었다. 코르쉬는 마르크스의 포이에르바하에 대한 11번째 테제에 따른 이론과 실천은 "정신적 행위"에서 중개해야 된다고 주장함으로써 1926년 독일공산당에서 제명되었고 이상주의적인 수정주의자로 낙인찍혔다. 나치가 참여한 튀링겐 주정부가 1929년 그의 예나 대학 교수직을 박탈했기 때문에 그는 외톨이로 근근이 살아갔다. 코르쉬적인 마르크시즘의 흔적은 당시 브레히트의 철학적인 논설문에서 나타난다. 의견이나 견해를 대수롭게 여기지 않는 브레히트의 사실적인 유물론은 일시적으로 흔들리게 된다. 코르쉬의 사상을 모방해서 쓴 몇 개의 이상주의적인 논설문이 나온 후에 브레히트가 겪은 정치적인 사건들 때문에 그의 입장은 바로 안정을 되찾았다. 코르쉬가 마르크시즘에 대한, 또는 마르크스에 대한 브레히트의 관심을 자극하고 그로부터 '스승'이라는 호칭을 받았지만 브레히트는 곧 다시 비판적인 거리를 두게 되었다. 1934년 가을에 그들이 런던에서 같은 집에 살면서 긴밀한 접촉을 하게 되었을 때 코르쉬는 마침내 투이들의 대열에 자리를 잡는다. "나의 스승은 실망한 사람이다. 그가 관심을 가진 사항들은 그가 상상했던 대로 진행되질 않았다. 이제 그는 자신의 사상이 아니라 달리 진행된 사항들에게 책임을 전가한다."(GBA

22, 45쪽)

어떤 철학보다는 1920년대 말에 있은 한 사건이 브레히트의 정치화에 영향을 주었는지도 모른다. 이 사건에 대해선 브레히트가 1927년에 알게 된 사회학자 프리츠 슈테른베르크가 전하고 있다. 그는 유대계였으며 한때 비판적–사회주의적인 시오니즘을 지지했다. 그는 브레히트와 주로 사회학적인 문제에 대해서 토론을 했는데 자본주의 사회에서 개인의 몰락이 중심 주제였다. 1929년 5월 1일 브레히트는 독일공산당의 본부인 카를–리프크네히트–관 근처에 살고 있는 슈테른베르크를 방문했다. 이날 베를린 경찰청장 카를 최르기벨(사민당)은 사민당원과 공산당원들 간의 충돌을 막기 위해 모든 공공 행사를 금지하고 예방적 조치로 13,000명의 경찰관을 배치했다. 그럼에도 불구하고 소요가 일어나자 최르기벨은 이를 무력으로 진압했다. 그래서 이 사건은 "유혈사태가 난 베를린의 5월"로 역사에 남게 되었다. 브레히트와 슈테른베르크는 직접적인 목격자들이었다. 〈도살장의 성 요한나〉를 위한 메모에서 드러나듯이 이 사건으로 브레히트에게는 사민당과 그 수정주의로는 시작되는 국가적 위기를 해결할 수 없다는 것이 분명해졌다. 이것이 극작품의 정치적 배경을 이룬다. 혁명적 가능성으로서는 공산당원들만이 남게 되었다. 그러나

브레히트의 정치화

153쪽 이하 참조　브레히트는 그들의 상황 판단과 이데올로기에 전혀 동의하지 않았다. 〈도살장의 성 요한나〉에 나오는 파업 행위와 기업주의 이데올로기의 승리(가장 진정한 투이즘)가 보여 주듯이 브레히트는 1929~1930년에 혁명적 해결이 가능하리라는 데 별로 희망을 갖지 않은 것이 분명하다.

> 브레히트가 총소리를 듣고 나서 사람들이 총에 맞았다는 것을 보고는 얼굴이 아주 창백해졌다. 내 일생에 처음으로 그런 모습을 본 것이었다. 내 생각으로는 이것이 무엇보다도 그를 강력하게 공산주의자들에게로 끌려가게 한 체험이었다.
>
> 프리츠 슈테른베르크, 《시인과 이성》, 25쪽

발터 벤야민과의 첫 만남　브레히트는 1929년에 발터 벤야민과, 그리고 1931년에는 세르게이 트리트이코프와 서로 알게 되었다. 벤야민은 프랑크푸르트 대학이 비극에 관한 그의 교수자격논문을 거절했기 때문에 대학 교수의 꿈을 접고 시사평론가로 근근이 생계를 꾸려갔으며 게르숌 숄렘과 사귄 후 시오니즘으로 개종했다. 그는 브레히트에게 카프카의 작품을 소개했고 브레히트가 카프카에 대해서 긍정적인 의견을 표하자 놀라워했다. 1930년에는 공동으로 간행하려던 잡지 《위기와 비평》 계획이 무산되었다. 이 잡지는 변증법적 유물론 선전에 헌신하고 "극좌파"의 입장을 가진 사람들만 필진으로 허용할 예정이었

다.(Wizisla, 2004, 118쪽)

〈중국이여 울부짖어라!〉와 같은 극작품들을 독일에서도 공연한 저명한 러시아 작가 트리트이코프는 1930~1931년 비교적 오랜 기간 베를린에 머물면서 강연을 했다. 그는 브레히트를 알게 된 다음 번역과 논설문을 통해 소련에서 그의 작품을 알리는 데 힘썼다. 슬라탄 두도가 감독한 브레히트의 최초의 영화 〈쿨레 밤페〉가 1932년 5월 모스크바에서 개봉될 때 두 사람은 다시 만났다. 이 영화에 대한 소련 내의 비평은 브레히트에게 그가 계급투쟁에 대해서는 아무것도 모른다는 것을 강력하게 입증해 주었다.

브레히트는 1932년 1월 노동운동을 하던 23세의 마르가레테 슈테핀을 만났는데 이 만남은 곧 연애 관계로 발전하여 그의 결혼 생활을 심각하게 위협했다. 그는 1929년 4월 10일 헬레네 바이겔과 결혼했고 1930년 10월 18일에 두 번째 아이인 바바라가 태어났지만 가족은 여전히 가끔씩만 같이 살았다. 1928년 11월 브레히트는 방 두 개짜리 아파트를 얻어서 하르덴베르크가 1A로 이사했는데 바이겔은 여전히 아이들과 함께 바벨스베르거가에, 1932년 10월부터는 라이브니츠가에 거주했다. 브레히

마르가레테 슈테핀

트는 작업을 하기 위한 여유를 고집했고 바이겔은 이를 일생동안 존중했다. 하지만 브레히트가 이런 식으로 방해받지 않고 연인들을 맞아들일 수 있다는 사실 때문에 그녀에게는 결코 쉬운 일이 아니었다. 브레히트가 결핵에 걸린 마르가레테 슈테핀을 자기 집에서 데리고 있자 바이겔은 더 이상 참을 수 없음을 밝혔다. 무엇보다도 바이겔은 자신과 아이들에게 전염될 것을 두려워했기 때문이었다. 브레히트는 교묘하게 회피했다. "우리는 정신적인 것이 더 소박하고 부담 없는 의사소통을 할 수 있도록 해준다고 하더라도 육체적인 것을 정신적인 것에 따라서 처리하려고 하지 않으려고 노력해야 될 것이다."(GBA 28, 343쪽) 슈테핀이 1932년에 수차례 수술을 한 후 요양하기 위해 외국으로 떠나자 위기는 해소되었다.

1932년 8월 브레히트는 아버지의 경제적인 도움을 받아서 암머제 호수 변에 있는 우팅에 별장을 구입했다. 그러나 그 집을 이용한 것은 몇 주에 불과했다. 바이마르 공화국은 사정없이 종말을 향해서 달려가고 있었기 때문이다. 브레히트는 이미 오래전에 나치가 어떤 짓을 할지를 알고 있었다. 왜냐하면 늦어도 1930년부터는 그들이 자기의 연극 공연을 격렬하게 방해하기 시작했기 때문이다. 1930년에는 라이프치히에서 〈마하고니 시의

나치 지배의 영향
133쪽 참조

흥망성쇠〉가 그런 일을 당해야만 했다. 방해와 정치적인 항의가 일어나자 이미 계획된 오페라의 공연이 중단되는 사태까지는 일어나지 않았지만 다른 극장에서는 이미 공연 계약을 맺은 작품의 제작을 거절했다. 1931년에는 베를린의 샤우슈필하우스에서 〈남자는 남자다〉의 시연회와 다른 네 개의 공연이 소동 때문에 끝까지 진행될 수 없었다. 그리고 이런 일은 계속되었다. 1933년 1월 브레히트는 망명의 필요성을 진지하게 고려하기 시작했고 2월에는 결단을 내렸다. 2월 15일 나치는 〈조치〉의 공연을 중단시키고 주최자들에 대한 반역죄 소송을 시작했다. 이때 브레히트는 탈장 수술을 받아야 했지만 하르덴베르크가의 집에서 책상에 앉아 있는 브레히트를 찍은 사진에는 "상자는 다 싸 놨다"라고 쓰여 있다.(BC, 344쪽) 제국의회 의사당 화재가 일어난 다음 날인 2월 28일 브레히트와 그의 가족은 독일을 떠났다. 그는 바이겔과 함께 프라하로 향했다. 브레히트는 빈에서 받은 초청장 덕분에 체코 국경을 무사히 통과할 수 있었기 때문이다. 슈테판은 비행기를 타고 뒤따라왔으며 바바라는 가정부 마리 홀트가 데리고 몰래 국경선을 넘었다. 도피 중에는 출판업자인 페터 주어캄프가 생명을 구해 주었을 수도 있다. 주어캄프는 나치 박해가 시작된 2월 27일에 브레히트 가족이 집밖에 나와 있도록 도와주었다. 1933년 5월 10일 브레히트의 책이 불태워졌고 5월 11일에는 그의 전 작품이 금지되었다.

나치를 피해 도피:
첫 번째 망명지 스벤보르(1933~1939년)

망명의 결과가 어떻게 될지 가늠할 수 없었지만 브레히트는 풍자적인 위트와 자조(自嘲)의 자세를 잃지 않았다. 작가들에게는 육체적인 존재보다는 정신적인 존재가 문제이며 그들의 문학 작품은 거의 전부 언어에 의존하고 있는데 망명 작가들은 이제 독자를 잃어버린 것이다. 예술이나 문학을 가지고 파시즘에 대항해 효과적인 투쟁을 할 수 있는가 하는 생각도 위안이 되는 것은 아니었다. 피난민들은 이미 나치의 등장을 저지하려는 자신들의 노력이 성공하지 못한 경험을 하지 않았던가. 브레히트는 《스벤보르 시집》에서 짧은 4행시로 이렇게 말했다. "암울한 시대에도 / 그때도 노래를 부를 것인가? / 그때도 노래는 부를 것이다. / 암울한 시대에 대해서."(GBA 12, 16쪽) 그의 유물론에 근거해서 볼 때 이것은 그의 구속력 있는 프로그램이었으며 암울한 시대에 암울한 시대로부터 암울한 시대를 위해서 새로운 테마와 언어를 찾아내야 된다는 것을 의미한다.

브레히트는 프라하에서 빈으로 여행했고 망명지를 스

BERTOLT BRECHT

> 사람들을 열광시키는 위대한 감정을 믿지만 이에 귀의하는 일은 천성적으로 못하고, 강력한 영도력은 감당할 수 없기 때문에 나는 나 자신을 상당히 쓸모없는 인간이라고 느꼈다. 비교적 가까운 주변 사람들에게 조심스럽게 한 설문과 몇몇 방문은, 각 민족의 역사에서 때로 일어나는 것처럼, 이제 정말로 위대한 시대가 시작되었다는 사실을 나에게 환기시켜 주었다. 여기서는 나와 같은 부류의 사람들은 거대한 그림에 방해가 될 뿐이리라.
>
> 베르톨트 브레히트, 독일에서 자신의 상황에 관해서 쓴 〈비정치적인 편지〉, GBA 22, 13쪽

위스로 할까 숙고하기도 했다. "스위스는 너무 비싸고 도시가 없으며 (무대 노동자들이 없는) 하나의 극장 장식품이다."(GBA, 356쪽) 그리고 잠시 파리로 가서 바일과 〈칠거지악〉이라는 발레 작업을 했다. 그동안 바이겔은 친구인 덴마크 여류작가 카린 미카엘리스와 접촉하고는 덴마크에 망명할 경우 도와달라는 청을 했고 그 일은 성사되었다. 6월 바이겔은 자녀들을 데리고 투뢰로 가서 미카엘리스의 집 한 채를 얻어 들었다. 그러는 사이 브레히트는 공산당원이기 때문에 독일로 돌아갈 수 없는 마르가레테 슈테핀을 위해 파리에 독일작가지원소(DAD)를 설립했다. 이것은 망명 문인들에게 출판을 중개해 주는 에이전시였다. 1933년 7월 샹젤리제 극장에서 〈칠거지악〉을 공연했는데 이것은 브레히트의 극작품 중 최초로 망명지에서 공연된 것이다.

〈칠거지악〉

독일에서 새로운 권력자들이 사회의 각 분야를 신속하게 장악해 가고 있다는 것을 브레히트는 절감하게 되었다. 무엇보다도 〈서푼짜리 오페라〉의 판권을 가지고 있던 펠릭스 블로호 에르벤 출판사가 모든 지불을 중단했고 동시에 키펜호이어 출판사는 주요 저자들의 작품이 출판 금지됨에 따라서 지불불능을 선언하지 않을 수 없었다. 브레히트는 새로운 돈줄을 찾아내지 않으면 안 되었는데 암스테르담의 알러트 드 랑에 출판사에서 뜻을 이루었다. 1933년 7월에는 아직 쓰지도 않은 《서푼짜리 소설》에 대한 계약을 맺고 계약금으로 덴마크에서 집을 살 계획을 했다. 8월엔 브레히트 가족이 퓌넨 섬의 스벤보르에 있는 스코보스트란드 8번지의 집을 샀다. 출판사의 계약금으로는 충분하지 않아서 브레히트와 바이겔의 부친들이 잔액을 지원했다. 브레히트는 이곳에서 오랜 기간의 망명 시기를 보내게 된다. 바이겔은 집을 꾸미면서 브레히트가 커다란 서재에서 방해받지 않고 나치에 대항하는 저술을 할 수 있도록 배려했다. 그는 책상 위 창문에다 나치가 빼앗아 간 모든 것을 적은 메모지를 걸어 놓았다. 그가 아이러니컬하게 말한 바와 같이 이것이 없었다면 그는 아름다운 경치에 정신이 팔려 버렸을 것이다.

브레히트가 슈테핀의 의사에 반해서 덴마크 행을 결심

함으로써 두 사람은 거의 헤어질 뻔했다. 물론 그는 망명 첫해에 여행을 많이 했기 때문에 거기서 머문 적은 드물었다. 중요한 거점들은 망명객들이 많이 머물고 있던 프랑스 남부의 사나리-쉬르-메어와 파리였다. 파리에서는 한스 아이슬러와 함께 시선집 《노래 시 합창》을 편집함으로써 공동 작업을 계속했다. 슈테핀은 1918년부터 1933년까지의 시기에 쓰인 시를 선별했고 아이슬러와 브레히트가 최종 편집을 맡았으며 이들은 동등한 자격을 가진 저자로 표시되었다. 텍스트의 가창성(歌唱性)에 브레히트는 많은 기대를 걸었다. 이 가창성이 "참을성 있고, 끈질기고, 고된 계몽작업을" 시작하는 데 기여해야 된다는 것이었다.(GBA 28, 398쪽 이하) 발행된 책의 많은 부수가 독일로 반입될 예정이었다.

> 158쪽 '노래 시 합창' 이하 참조

1933년 여름 엘리자베트 하우프트만은 덴마크로 브레히트를 찾아왔다. 그녀가 브레히트의 아버지와 함께 브레히트의 가산을 정리하고 남아 있는 원고를 안전하게 대피시킨 다음이었다. 그녀는 이 원고를 브레히트에게 전달했고 그와 함께 앞으로의 전술적인 대책을 논의했다. 하지만 이것은 11월 하우프트만이 게슈타포에 의해서 체포됨으로써 무위로 돌아가고 말았다. 그녀는 다행히도 게슈타포의 오해 때문에 곧 구속에서 풀려났으며 12월 10일 독일을 떠나서 도피했다. 파리에서는 그녀와 브레히트 간에 싸움이 벌어졌다. 브레히트의 원고가 든 여행 가방 하나가 독일에 남아 있었기 때문에 브레히트가 자기의 물건을 잘 보관하지 않았다고 그녀를 비난했던 것이다. 그 후 하우프트만은 얼마간 일체의 개인적인 접촉을 중단했다. 하지만 그들의 관계는 그녀와 브레히트에게 일생 중 "가장 위대한 작업상의 우정"이었다.(BC, 385쪽)

덴마크에서의 체류 허가와 관련해서 브레히트는 운이 좋았다. 외사경찰은 바이겔의 유대인 혈통을 인정했고 그것이 원래의 도피 이유라고 보았기 때문에 브레히트는 반파시즘 투쟁이나 다른 정치적 활동으로 인한 제재를 받지 않았다. 그런데 브레히트가 공산주의자라고 결정적으로 낙인찍힌 것은 이 나라에서의 체류 때문이었다. 1939년 스위스의 비밀 보고서에 의하면 그는 덴마크에서 "코민테른의 연락부서"를 운영했다는 것이다. 아마도 브레히트가 1935년 6월 21일부터 25일까지 파리에서 개최된 문화 수호를 위한 국제작가회의에 나타난 것이 계기가 되어 마치 테러분자에 대한 것과 같은 개인 문건이 만들어진 것으로 보인다. 슈테핀이 1933년 말에 코펜하겐의 노르트란트 호텔에 잠시 머문 것이 발단이 되었을 가능성도 있다. 이 호텔에는 코민테른의 연락소가 주재하고 있었다. 그리고 이 브레히트의 애인

테러분자로 간주된 브레히트

은 1936년 8월에 코민테른 직원과 위장 결혼을 해서 절실하게 필요한 덴마크 시민권을 취득할 수 있었다. 브레히트가 공산주의자라는 비난을 입증할 만한 증거는 아무것도 없다. 하지만 하필이면 그가 이런 일을 당하게 되는 것은 특기할 만한 일이다. 분명 불안감을 조성하는 그의 비판적-유물론적인 자세에 대응하기 위해서 사람들은 반드시 그것을 어떤 서랍에다 넣어두어야 했는데 그런 서랍이 하나밖에 없기 때문에 그를 공산주의자로 만들고 이에 필요한 증거를 조작해 낸 것이다.

> 내 작업의 성격상 사람들은 일반적으로 나를 약간 냉랭하게 대한다.
> 1943년 11월 8일 베르톨트 브레히트가
> 알렉산더 모리츠 프라이에게 보낸 편지에서, GBA 28, 456쪽

160쪽 '서푼짜리 소설' 이하 참조

자주 여행을 하고 여러 프로젝트들을 진행했음에도 불구하고 브레히트는 슈테핀의 비판적인 협력으로 놀랄 만큼 단기간에 《서푼짜리 소설》을 썼다. 대단히 넉넉하게 조판하기는 했지만 초판본은 거의 500쪽에 달했다. 1934년 11월 이 책이 알러트 드 랑에 출판사에서 나오자 대단한 주목을 받았으며 거의 예외 없이 긍정적인 반응을 불러일으켰다. 어떤 비평에서는 브레히트의 "주저"라고까지 말하기도 했다. 이렇게 해서 그는 소설가로서 화려하게 등단했다.

브레히트는 그의 새로운 거주지를 "덴마크의 시베리아" (GBA 28, 407쪽)라고 불렀는데 이곳으로 많은 방문객들이 찾아올 수 있도록 배려했다. 1934년 봄에는 한스 아이슬러가 와서 슈테핀 및 브레히트와 〈둥근 머리와 뾰족 머리〉 작업을 했다. 이것은 하나의 희극적인 비유극인데 브레히트는 기대를 많이 걸었다. 실제로 1936년 11월에는 덴마크어로 공연이 이루어졌다. 스벤보르로를 방문해 달라는 브레히트의 두 번째 초청을 아이슬러가 거절했기 때문에 이 극작품 작업은 처음에 정체됐다. 브레히트에 따르면 아이슬러는 방문을 굳게 약속했었다는 것이다. 이로 인해서 두 사람 사이에는 처음으로 격심한 견해차가 드러났으며 이런 일은 아이슬러가 〈호라치 사람들과 쿠리아치 사람들〉의 작곡을 위한 스벤보르 여행을 거절했던 1935년에도 되풀이되었다. 아이슬러는 음악에 의존하는 학습극이 없이는 완성될 수 없다는 점을 고려하지 않았다. 그해 여름 발터 벤야민이 브레히트를 찾아와 수주일 동안 손님으로 머물렀다. 그는 어디로 가야 할지 모르는 상황이었기 때문에 자신의 장서를 스벤보르로 가지고 왔다. 둘은 체스 놀이를 즐겼고 자신들이 진행하고 있는 작업과 정치 및 예술의 문제에 대해 토론했다. 여기서도 '유대인 청년' 카프카의 평가가 중요한 주제였다. 벤야민은 1938년 여름 비교적

한스 아이슬러와 계속 작업

장기간의 체류를 위해 두 번째 방문을 했다. 그는 첫 번째 방문 때와 마찬가지로 두 번째의 체류에 관해서도 기록을 남겼다. 이때 유럽 전역에서는 정치적 상황이 악화되고 있었다. 벤야민은 어린이 연극, 소련의 문학, 모스크바의 재판과 모스크바에 있는 지인과 친구들에게 미칠 영향 등을 주제로 브레히트와 진지한 대화를 나눴다. 브레히트는 소련에서의 모든 가능성은 사라졌다고 생각했고 마음속으로는 벌써 미국으로 망명할 생각을 품고 있었다. 소련은 더 이상 고려의 대상이 아니었다. 그곳에는 "어떤 범죄적인 집단들이 일을 벌이고 있었다."(Benjamin, 1979, 132쪽)

모스크바, 런던, 파리 그리고 뉴욕 여행

망명 시기 동안 브레히트는 여행을 많이 했다. 1934년에는 카를 마르크스의 전기를 쓰고 있던 카를 코르쉬를 찾아서 런던으로 갔다. 브레히트는 그에게 "사자의 가슴 혹은 사자의 갈기가 없이" 쓰라고 권했다.(GBA 22,

스벤보르에서 발터 벤야민과 체스 놀이하는 브레히트 (1934년)

40쪽) 1935년 3월부터 5월까지는 모스크바로 여행했다. 이 여행은 자신의 문학작품을 소개하고 사회주의적인 진보의 실체를 검증하는 것이 주목적이었다. 브레히트의 말에 따르면 진보의 영향으로 현실이 "거기에 대해서 말해지고 글로 써진 것을" 모두 능가했다는 것이다.(BC, 443쪽 참조) 두 가지 사건이 특히 그의 머릿속에 각인되었다. 그 하나는 4월 17일 메트로의 개통이었고 다른 하나는 슈테핀과 함께 브레히트가 붉은 광장의 관람석에서 관람한 5월 1일 시가행진이었다. 브레히트는 거기서 큰 인상을 받았고 많은 사람들을 만났다. 특히 중국의 경극 배우인 메이란팡(梅蘭芳)과의 만남은 그에게 모스크바의 정치적 현실에 대해 알려 준 것은 별반 없거나 전무했지만 메이란팡의 연기는 브레히트에게 새로운 가능성을 열어 주었다. 그가 관심을 가진 것은 자신의 연극이 소련에서 어떤 가능성을 가지고 있는가 하는 것이었지만 그는 아무런 가능성도 없음을 확인하지 않을 수 없었다. 1934년 전(全) 소련연방 작가회의에서 선포된 사회주의적 리얼리즘의 예술교조가 브레히트의 참여 가능성을 불가능하게 만들었던 것이다. 그래서 그는 대접은 잘 받았지만 아무런 생산적인 인연을 맺지 못했다.

6월에는 파리에서 열린 작가 회의에 참석했다. 그가 코르쉬에게 말한 바에 의하면 거기서 〈투이 소설〉을 위한 성과가 많은 연구를 했다고 한다. 앙드레 지드, 앙리 바르뷔스 그리고 하인리히 만 등 대부분의 참가자들은 문화의 구원을 위해서 불꽃 튀는 연설을 했다. 이에 반해서 브레히트는 자신의 연설에서 '야만성에 대한 투쟁에 필요한 확인'을 제안했다. 즉, 이런 참담한 상황의 이유에 대해서, 소유관계에 대해서 말하자고 했다. 어느 동시대인이 설명한 바에 의하면 브레히트는 뷔히너의 보이첵과 같이 날카로운 면도칼처럼 회의장을 휩쓸었다.

> 사람들이 구출되면 문화가 구출되는 것이다. 사람들이 문화를 위해서 존재하고 문화가 사람들을 위해서 존재하는 것이 아니라고 하는 주장에 휩쓸리지 말자!
> 베르톨트 브레히트, 〈야만성에 대한 투쟁을 위해서 필요한 확인〉,
> GBA 22, 145쪽

요하네스 R. 베혀는 브레히트가 다른 사람들과 동떨어지게 놀았다고 날뛰었다. 즉, 공산주의자들과 사회주의자들이 연합해서 인민전선을 형성하려는 판에 무책임하게 계급투쟁을 설교했다는 것이다. 사람들은 그를 "트로츠키적인 좌파 이탈자"라고 욕하면서 그가 예술교조뿐만 아니라 공산주의의 공식 노선에도 공개적인 도발 행위로 맞섰다고 했다. 그 후 스탈린의 비밀정보부도 브레히트를 감시했다.

그해 말 그는 공산당 연극단이 〈어머니〉를 공연하는 뉴욕으로 가서 아이슬러를 다시 만났고 그와 함께 "사회학적인 연구"를 했다. 그들은 매일같이 영화관에 가서 갱 영화를 보았다. 갱 영화들뿐만 아니라 '자수성가한 사람'으로 등장하는 그 주인공들도 대단히 인기가 좋았기 때문에 브레히트는 갱을 소재로 하는 작품의 가능성을 볼 수 있었다. 그래서 브레히트는 1941년에 부패한 투이를 주인공으로 하는 갱 연극인 〈아르투로 우이의 출세〉를 썼다. 1936년 2월 중순에 그는 다시 스벤보르로 돌아왔다.

177쪽 '아르투로 우이의 출세' 이하 참조

스벤보르에는 그의 새로운 여자 친구인 "빨간 루트"가 기다리고 있었다. 루트 베를라우는 공산당 당원으로 브레히트를 만나기 전에 이미 그의 작품에 출연한 바 있는 코펜하겐의 여배우였고 다른 연극 제작을 하려고 하던 참이었다. 〈어머니〉를 덴마크의 수도에 있는 혁명극장에서 공연하려는 그녀의 계획으로 인해 1935년 6월부터 두 사람 간에는 밀접한 협조 관계가 형성되었고 차차 연애로 발전했다. 그래서 브레히트는 세 명의 여인들에 둘러싸이게 되었는데 이 여인들은 서로 아는 사이였으므로 어쩔 수 없이 서로 협조하며 살아가야 했다. 아이들도 어느 정도 적응하지 않을 수 없었다. 바이겔도 브레히트와 마찬가지로 덴마크 망명 중에 여러 극장에서 일하기 위해서 자주 비교적 오랫동안 여행을 떠나곤 했기 때문에 아이들을 돌보는 여인들이 계속 바뀌었던 것이다. 예컨대, 바이겔은 1937년 10월 파리에서 개최된 〈카라 부인의 총〉의 독일어 공연에 출연했다. 그보다 세 달 전인 7월 브레히트는 베를라우와 함께 파리를 여행했다. 이때 스페인 내전에 대한 지성인들의 위치를 주제로 하는 제2회 문화 보호를 위한 국제 작가 회의가 개최되었다. 어떤 상징적인 징표를 보여 주기 위해서 회의 장소가 갑자기 마드리드로 변경되었다. 베를라우는 마드리드로 떠났지만 브레히트는 너무 위험하다고 생각해서 덴마크로 돌아왔다.

그럼에도 불구하고 적극적이긴 하지만 위험에 처하지 않고 반파시즘 투쟁에 가담하기 위해서 그는 1937년 〈독일의 풍자〉라는 시로 새로운 형식의 서정적인 말하기를 개발했다. 이 시들은 스페인에서 독일로 방송되는 독일 자유방송국을 위해서 쓰인 것인데 나치가 대량으로 활용한 전파 방해 방송국이 아무런 손상도 줄 수 없도록 구성되지 않으면 안 되었다. 이런 전략은 그때까진 시를 사용해선 성공할 것 같아 보이지 않았다. 브레히트는 대부분의 경우 비교적 분량이 많은 텍스트에서 하나의 풍자적인 예를 또 다음 것에 연결시켜서 하나가 빠져도 별로 문제가 되지 않게 했다. 중요한 것은 그 원칙

〈독일의 풍자〉

을 알아볼 수 있어야 하고 수용자들 스스로 시를 연장할 수 있어야 한다는 것이었다.

이런 텍스트들이나 암울한 시대에 쓰인 다른 모든 텍스트들은 독일에서 진행되고 있는 일에 관해서 브레히트가 얼마나 잘 알고 있었는가 하는 것을 보여 주고 있다. 그는 1933년에 이미 집단수용소의 존재에 대해서 알고 있었고 고속도로가 전쟁 준비에 쓰인다는 것을 늦어도 1935년에는 분명히 알았으며 1936년의 올림픽 경기가 선전상의 걸작이 될 것을 이미 그 준비 과정에서 알았다. 이 올림픽을 통해 나치는 전 세계를 본격적으로 우롱했다. 그는 앞으로 다가올 전쟁이 확실하다는 것을 늦어도 시집 《독일의 전쟁교본》 작업을 할 때인 1936년에는 더 이상 의심하지 않았다. 전쟁 준비가 전쟁을 의미하며 많은 희생과 연관되어 있다고 하는 것이 이 시집의 주안점이었다. 다만 대부분의 사람들은 이런 것을 알려고도 하지 않았고 잘 알려진 바와 같이 책임 있는 정치가들은 서방 국가들이 냉소적인 방식으로 체코슬로바키아를 히틀러에게 팔아 버린 1938년의 뮌헨 협정으로 평화를 구했다고 생각하는 최대의 우를 범했다.

1936년 3월 브레히트는 새로 창간된 망명 잡지인 《말》에 편집인으로 참가했다. 공산당원인 빌리 브레델이 모스크바에서 발행한 이 잡지의 시민계열 작가로는 리온

망명 잡지 《말》

포이히트방어와 브레히트가 초빙되었다. 이 잡지는 당의 노선에 따르는 기관지들인 《노이에 도이체 블래터》와 《디 자믈룽》과 일종의 균형을 이루려는 목적을 갖고 있었지만 간행인들의 거주지가 달랐기 때문에 구성이 아주 불확실한 것이었다. 브레히트는 소위 표현주의 논쟁이 불거졌을 때인 1938년에 몇 가지 작품을 《말》에 발표했지만 자기가 '찬밥이 되었다'고 생각했다. 사회주의적 리얼리즘의 정통적인 대표자들의 미학적 넌센스를 지적하고 비판적 리얼리즘을 주창한 그의 비판적인 논문들은 인쇄되지 않았다. 그래서 브레히트는, 프라하에서 망명 생활을 하면서 그곳의 말릭 출판사에서 브레히트의 《전집》을 간행한 출판인인 빌란트 헤르츠펠데에게 《1938》이라는 별책을 간행하라고 권했다. 여기에는 〈제3제국의 공포와 참상〉, 〈망명지의 시〉(후일 〈스벤보르의 시〉) 그리고 세 편의 에세이가 포함될 예정이었다. 그는 전투장에서 싱겁게 물러나지 않으려고 했던 것이다. 그러나 이 책은 물론 《전집》으로 계획된 책도 나오지 못했다. 희곡집 두 권만이 1938년에 나왔을 뿐이다. 1939년 독일이 공식적으로 체코슬로바키아를 점령하기 전에 프라하에선 파시스트 세력이 이미 자리를 잡았기 때문에 헤르츠펠데는 황급히 도주하지 않을 수 없었다. 브레히트 작품의 인쇄 원판은 파괴되었는데 브레히트는 체념한 채 이를 자신의 두 번째 분서 사건이라고 설명했다.

헤르츠펠데가 추방될 당시 덴마크에선 전운이 감돌았기 때문에 자신도 다시 도피해야 된다는 것이 브레히트에게는 기정사실이었다. 1938년 8월 브레히트는 《일지》에서 히틀러가 "예비동원령"

> 결국 금년(1939년 4월)엔 세계대전이 일어나지 않고 일주일이 그냥 지나가면 이것은 인류를 위해서 대단히 요행한 일일 뿐입니다.
> 1939년 4월 11일 베르톨트 브레히트가 헨리 페터 마티스에게 보낸 편지에서, GBA 29, 137쪽

을 독일과 덴마크 국경 근처에서 실시해 기동훈련을 시작했다고 썼다.(GBA 26, 319쪽) 체코슬로바키아를 분쇄함으로써 그렇지 않아도 존재하지 않았던 평화 유지의 전망이 완전히 사라졌다고 브레히트는 보았다. 코펜하겐에서 루트 베를라우가 《전집》에서 제외된 〈스벤보르의 시〉를 편집하고 있을 때 브레히트는 스톡홀름으로부터 초청을 받고 1939년 4월 덴마크를 떠날 수 있었다. 브레히트는 세 번째 망명지인 스웨덴에서 1년 가까이 망명 생활을 했다.

덴마크에서 스웨덴으로 피난

중간 기착지:
여행 가방을 들고 스웨덴과 핀란드를 지나
(1939~1941년)

스웨덴의 조각가인 니난 잔테손은 아이들을 데리고 뒤따라온 마르가레테 슈테핀을 포함한 브레히트 일가에게 리딩외 섬에 있는 자신의 집을 제공했다. 브레히트는 부속 건물인 아틀리에에서 작업할 수 있었다. 그는 1938년 5월 이후 '독일의 문화적 자유를 위한 미국 협회'에서 재정지원을 받았는데 이것은 후일 6개월 간 연장되었고 또한 인상되었다.

그는 망명지 덴마크에서 언론인 프레데릭 마르트너를 알게 되었는데 마르트너는 브레히트가 스벤보르에서 지낸 마지막 4년간 그와 긴밀하게 공동 작업하면서 그의 시와 논설문을 번역해서 신문에 발표했다. 브레히트는 망명 생활을 하는 두 사람을 더 사귀게 되었는데 한 사람은 배우인 헤르만 그라이트였고 다른 한 사람은 조형예술가인 한스 톰브로크였다. 그라이트는 망명 중에 마르크스주의적 윤리를 연구했다. 브레히트는 대화에서는 이런 주제에 대해서 응하긴 했지만 〈일지〉의 기록에서는 이를 조소했다. 유물론의 고전주의자들인 마르크스, 엥겔스 그리고 레닌은 도덕적인 손가락질을 하며 달려드는 행동 지침에 대해서는 대단히 무관심했다는 것을 그는 알고 있었기 때문이다.

톰브로크와는 긴밀한 우정 관계가 이루어졌다. 스웨덴에서 특히 심했던 망명의 한적함이 이런 행운을 통해서 어느 정도 극복될 수 있었다. 그들은 대화를 나누면서 어떻게 문학과 예술을 서로 결합시킬 수 있는지를 함께 깊이 생각했다. 연극인인 브레히트는 무대장치에 대한 경험이 있지만 무대가 없기 때문에 새로운 길을 찾아야만 되었다. 그들이 숙고한 것은 "민중을 위한 예술"에 관한 것이었다. 브레히트는 자신의 시를 중심으로 한 텍스트를 그림에 통합시켜서 문학과 회화를 융합시키자고 제안했다. 이것은 상호 간에 해설을 해주는 독자적인 예술을 결합시키자는 것인데 브레히트가 이미 1920년에 연극에서 실행한 것이었다. 톰브로크는 브레히트의 텍스트가 들어 있는 그림을 대형 화판에다 그렸고 이것은 스웨덴의 민속관에 전시되어 대단한 성공을 거두었다.

한스 톰부르크와 친교 및 공동 작업

하지만 이 공동 작업도 암울한 시대에 저항할 수는 없었다. 1940년 4월 9일 독일 군대가 덴마크를 점령하고 노르웨이로 진격하자 스웨덴 경찰은 같은 날 정치적인 논설문을 찾아내기 위해서 브레히트의 집을 수색했다.

그라이트는 브레히트에게 핀란드로 도피하라고 권했다. 스웨덴은 중립국이었지만 히틀러가 지배하는 독일과 사업을 계속했고 (이것을 브레히트는 〈철근 값이 얼마요?〉라는 단막극에서 비난하고 있다) 독일군의 보급을 위해서 통행권을 보장하고 공산주의자들과 사회민주당원들을 수용소에 감금했다. 이 수용소의 문은 전쟁이 끝난 후에야 비로소 열렸다. 브레히트는 대단한 위험에 처해 있었다. 핀란드의 여류 작가 헬라 부올리요키의 도움으로 마르가레테 슈테핀과 헤르만 그라이트를 포함한 브레히트 일가는 배를 타고 헬싱키로 떠날 수 있었다. "내가 어디로 가든 간에"(GBA 29, 163쪽) 그녀를 기다리며 그녀가 올 것이라고 생각한다고 브레히트는 코펜하겐에 있는 루트 베를라우에게 편지를 썼다. 그것은 1940년 4월 중순의 일이었다. 원래 목적지는 미국이었지만 브레히트 일가가 미국에 도착할 때까지는 또 한 해가 더 걸렸다.

핀란드 체류 핀란드에서 머문 시절과 전체 망명 기간을 브레히트는 "과도기"(GBA 26, 414쪽)라고 표현했다. 그러니까 역사의 두 단계 사이에 있는 시대이며 달리 말해 시대에서 벗어나는 시기이다. 제2차 세계대전은 세계를 근본적으로 변화시키기 시작했고 전쟁이 발발한 지 몇 주 후에 강대국 프랑스가 정복되었다. 이는 고립의 시기를 의미

했다. 브레히트와 가족들은 헬싱키에서 처음엔 옹색하게 생활했지만 그들에겐 항상 사심 없이 도와주는 친구들이 있었다. 1940년 여름 브레히트 일가는 헬라 부올리요키의 초청을 받아 헬싱키에서 자동차로 네 시간 걸리는 말레백 농장으로 갔다. 여기서 브레히트는 다시 방해를 받지 않고 작업할 수 있었으며 그야말로 자연에 압도되었다. 당시 《일지》에 나오는 자연 묘사는 다정다감하고 그의 논설문에서도 자연에 대한 경의가 드문드문 나타난다. 야외에서 오줌 누기와 호숫가에서 사우나 하는 것 등에 대해 브레히트는 느긋하게 말하고 있다. 사우나는 사교 생활의 중심이었고 적극 이용되었다. "방사를 먼저 하고 목욕을 하는 것이 가장 좋다."(GBA 15, 193쪽)

원래 몇 주간만 예정되었던 체류의 기간은 애타게 기다리는 미국행 비자의 발급에 달려 있었다. 이것은 특히 바이겔과 어린 아들에게 어려운 일이었다. 그러나 슈테핀에게도 문제가 생겼는데 그녀는 심지어 혼자 남아 있게 될 것까지 각오해야 했다. 관청을 찾아다니는 일은 바이겔이 처리했으며 프랑스의 수용소에서 탈출해서 뉴욕으로 도주한 리온 포이히트방어는 미국에서 "작은 군대"를 조직해서 브레히트의 미국 입국을 가능하게 하려고 했다.(BC, 632쪽) 1941년 5월에야 브레히트 일가는 입국 비자를 받았고 한 주 후에는 슈테핀도 받았다.

사무적인 일처리를 하지 않는 브레히트는 고립된 가운데 작업할 시간이 얼마간 있었다. 〈사천의 선인〉은 무대 실험 없이도 가능한 범위 내에서 완성했고 헬라 부올리요키와 그녀의 민중극 〈톱밥 공주〉를 〈푼틸라 씨와 그의 하인 마티〉로 개작했다. 미국행을 염두에 두고는 갱단의 소재를 통해 그곳의 연극계와 영화계에 진출할 수 있으리라는 희망을 품고서 그가 뉴욕에서 한 "사회적 연구"의 틀에 따라 〈아르투로 우이의 출세〉를 썼다. 당시의 정치적 주제를 브레히트는 〈피난민의 대화〉에서 다뤘다. 이것은 원래 〈위대한 시대의 중요하지 않은 사람의 기록〉으로 계획되었는데 노동자 칼레와 시민계급의 물리학자 치펠 간의 대화로 변경되었다. 브레히트는 모든 악조건 하에서도 자신의 풍자적 유머를 잃지 않았고 변증법에 대해서 그가 아는 학자들이나 친구들보다도 더 많이 이해하고 있다는 것을 보였 주었다. 브레히트는 그의 서정시를 "언어 세탁"(GBA 26, 416쪽)했다. 주제로서는 일상적인 생활 용품이 등장하기 시작했고 언어적으로는 고대의 에피그램의 모형에 따라서 단순화되고 간결화되었으며 객관화되었다. 이 시기에 이론서를 많이 쓴 것은 체류 허가에 필요한 활동을 입증하여 뉴욕에서 강사직을 얻기 위한 것으로 생각된다. 그는 배우라는 작업에 대한 강의를 하려고 생각했던 것이 분명하다.

1941년 5월 16일 비자가 발급된 후 브레히트 일가는 즉시 슈테핀과 함께 레닌그라드를 거쳐서 모스크바로 갔다. 모스크바에서는 바이겔이 여행을 계속하기 위한 사무를 처리했다. 이 일은 물론 많은 소모적인 투쟁이 뒤따랐지만 잘 진행되었다. 이에 비해서 마르가레테 슈테핀은 운이 별로 없었다. 그녀는 병원에 입원해야 하는 상황이었기 때문에 브레히트에게 자기를 놔두고 가족과 베를라우를 데리고 떠나라고 권했다. 1941년 5월 30일 시베리아 횡단 급행열차가 블라디보스토크로 출발했고 브레히트 일행은 6월 10일 그곳에 도착했다. 이들은 "SS 아니 윤손"호에서 3일간 머문 다음 산 페드로를 향해 5주간의 항해를 시작했다. 브레히트는 기차 안에서 슈테핀이 6월 4일 모스크바의 병원에서 사망했다는 소식을 들었다. 추후에 드러난 일이지만 브레히트는 미국으로 갈 수 있는 최후의 기회를 이용한 것이었다.

러시아를 거쳐서 미국으로 망명

BERTOLT BRECHT

할리우드의 이윤 창출 기계:
산타 모니카에서의 고립(1941~1947년)

"이지 고잉의 전시관"(GBA 27, 10쪽)인 미국에 대해서 브레히트는 처음부터 거리를 두었고 자연과 사회적 상황을 경멸적이고 냉소적으로 평가했다. 그는 멕시코의 사막이 아니라 풍광이 수려한 캘리포니아의 해안에 있는 도시 산타 모니카에 정착했는데도 "이런 풍토에서는 숨을 쉴 수가 없다"(GBA 27, 50쪽)고 말했다. 이런 평가는 물론 불공평한 것이고, 이미 1934년에 〈거대한 도시 뉴욕의 실종된 명예〉라는 시를 보고 게오르게 그로스가 비판한 것처럼 선입견으로 인한 것이 분명하다. 브레히트의 미국 비평은 "약간 잘못 짚었으며" 미국에서의 "멋진 생활"을 짐작조차 못한 것이라고 그로스는 말했다.(GBA 11, 382쪽) 브레히트의 반감은 그가 망명기 전에

> 공기에 아무런 냄새가 없다. 아침이나 저녁이나, 집안에서나 정원에서나 똑같다. 그리고 계절이 없다. …… 연기나 풀 냄새도 맡아 볼 수 없다. …… 나도 모르는 사이에 나는 구릉맥(丘陵脈)이나 레몬 나무를 보면 조그만 가격표를 (찾는다). 우리는 이런 조그만 가격표를 사람들에게서도 찾는다.
> 베르톨트 브레히트, 〈일지〉, 1942년 1월 21일, GBA 27, 50쪽

보았던 미국의 모습에만 그 원인이 있는 것은 아니고(이것은 물론 개인적인 경험에 기인한 것이 아니었다) 브레히트 일가가 미국 생활의 초기에 겪었던 금전적인 곤궁함의 영향이 컸다. 브레히트 일가는 미국으로 도피한 포이히트방어, 빌헬름 디털레, 바일, 코르쉬 등의 도움이 없었더라면 버티기 어려웠을 것이다. 신속하게 영화 산업에 발을 붙이려는 브레히트의 시도는 아무런 소득이 없었다. 1933년에 미국에서 실패한 〈서푼짜리 오페라〉를 "흑인 오페라"로 공연하려는 계획을 바일은 강력하게 말렸다. 게다가 캘리포니아에 살면서 뉴욕에서 극작품 공연을 성사시킨다는 것은 불가능하다는 것이었다. 브레히트는 영화를 위한 모든 일이 별로 소득이 없으며 '본래의 일'을 못하게 한다는 것을 일찌감치 경험하지 않을 수 없었다. "참을 수 없는 상황"(GBA 29, 223쪽)이었다. 브레히트가 1941년 10월에 페르디난트 라이어라는 사람을 사귐으로써 미국의 안내자를 만나게 되었으며 그와 함께 영화 이야기를 쓰기 시작했고 이로써 지속적인 우정이 싹텄다는 것은 긍정적인 일이었다.

브레히트의 안내자 페르디난트 라이어

독일 망명객들의 집합소가 된 산타 모니카에서 브레히트는 비생산적인 투이라고 악의적으로 평가한 지식인들과 대면하게 되었다. 그들은 전 프랑크푸르트 사회조사연구소의 연구원인 막스 호크하이머와 프리드리히

폴록이었다. 그는 그들을 즉석에서 "이중 클라운"(GBA 27, 12쪽)이라고 풍자했다. 그는 가능한 한 빨리 적응하고 교제 관계를 구축하는 대신 눈에 띄게 이들로부터 물러났으며 호감을 사지 못했다.

미국에 대한 반감 미국에 대한 브레히트의 혐오는 불쾌감을 주는 풍토와 경치보다는 더 결정적인 이유가 있었다. 그는 미국의 통용어에 대해서 적당한 자세를 취할 수가 없었다. 감정, 의견 그리고 정치적인 논증 등이 완전히 공개적으로 판매되는 상황은, 그가 바이마르 공화국에서 했던 자본주의의 해석에도 불구하고, 새로운 경험이었고 의기소침하게 만들었다. 모든 것을 살 수 있다는 것을 자랑스럽게 생각하는 사람들에게는 풍자도 더 이상 먹혀들지 않았다. 브레히트는 결론을 내리고는 "거짓이 판매되는 시장으로" 스스로 찾아가 희망에 차서 판매자들 사이에 끼어들었다고 〈할리우드 비가〉(GBA 12, 116쪽)에서 표현하고 있다. 추락은 더 이상 끔찍할 수 없었다. 투이즘의 비판자 자신이 투이가 된 것이었다.

1942년 2월 드디어 브레히트는 "적대적 외국인"으로 관청에 등록되었다. 하지만 이는 일본이 진주만을 공격한 다음에 취해진 일상적인 절차일 뿐이었다. 연방수사국을 통한 미행은, 지금까지 간행된 문서에 의하면, 1943년 초까지 계속되었는데 그를 위협하지는 않았다.

적지 않은 수가 반공적인 성향을 가진 직원들로 구성되어 있던 연방수사국은(특히 존 에드가 후버 국장은 이런 반공적인 입장을 대표했다) 브레히트를 국가에 위험이 되는 공산주의자로 무고하려고 했지만 증거가 될 만한 자료가 아무것도 나오지 않았다. 브레히트는 거의 예술가들과 어울렸고 때때로 소련 총영사 그레고리 카이페츠와 만나더라도 문화적인 이야기를 나누는 게 다였다. 로스앤젤레스 연방수사국 지부장이 브레히트를 수용소에 감금하기 위해 1943년 4월 그가 사는 집에 도청장치를 설치하기도 했지만 아무런 소득이 없었다. 도청기가 발견되었을 때 헬레네 바이겔과 마르타 포이히트방어는 전화에 대고 자신들도 모르는 폴란드어로 된 요리법을 서로 낭독하는 본격적인 (이중적인 의미에서) 시연을 해 보였다.

미국에 입국하기 전부터 브레히트는 뉴욕의 '사회연구

산타 모니카
서재에서의 브레히트
(1947년)

학교'에서 희곡론을 가르칠 예정이었다. 이를 중개한 사람은 이 학교의 교장이었던 에르빈 피스카토르였는데 브레히트는 베를린에서 산발적으로 그와 공동 작업을 한 바 있었고 그 후로 친구가 되었다. 그러나 브레히트는 산타 모니카에 머물렀고 이제부터는 헬레네 바이겔이 구한 목조 주택의 집값을 분할해서 상환해야만 되었다.

할리우드 할리우드에서 브레히트의 영화 작업은 성과가 없었다고 볼 수 있지만 스토리를 팔아서 약간의 돈을 벌 수는 있었다. 이런 것들은 영화화되지는 않았다. 그는 또 시나 노래를 팔기도 했다. 그는 한 가게에서 시를 낭송하고는 감사의 표시로 양복을 한 벌 얻기도 했다. 스토리를 도난당해 손해를 보기도 했다. 예컨대 브레히트는 1942년 봄에 엘리자베트 베르그너, 그녀의 남편 파울 치너와 수주일 동안 영화 스토리 작업을 했는데 이 스토리가 다른 배경에서 벌어지는 이야기로 둔갑해 다른 영화사에서 나타났다. 이 스토리를 훔친 도둑은 35,000 달러를 벌었다. 프리츠 랑의 영화 〈형리들도 역시 죽는다〉(1942)에서 브레히트가 담당한 실제의 몫은 랑의 유고를 접하게 된 20세기 말에야 알려졌다. 발견된 서류에 의하면 브레히트는 1942년 5월에 이 영화를 발의했고 스토리의 핵심적인 흐름을 초안했다. 브레히트의 예

〈형리들도 역시 죽는다〉

술적인 참여 부분이 보이지 않을 정도로 감춰지기는 했지만 그래도 그는 이 영화 작업으로 얼마간의 돈을 벌었다.

미국 망명지에서 브레히트가 얻은 미학적 소득은 별로 없었다. 브레히트는 6년 동안 네 편의 희곡을 썼지만 그 중에서 〈슈베이크〉(1943)와 〈코카시아의 백묵원〉(1944)만이 기존의 문학적 수준을 보여 준다. 산문은 영어로 쓴 영화 스토리가 전부였다. 많은 단편(斷片)을 제외하고는, 이런 영화 이야기들은 갈고 다듬은 표현이 아니라 주로 플롯만 설정한 것이었다. 이 시기의 서정시 창작도 양적으로나 질적으로 특별한 의미가 없다. 브레히트가 지속성 있는 표현을 찾아내기 위해서 얼마나 어려움을 겪었는지는 〈몰다우의 노래〉의 열 개 시행이 인상적으로 보여 준다. 전에는 날렵하게 진행되던 글쓰기가 이제는 끈질기게 작업을 해야만 되었다. 그는 자기 비판적으로 이렇게 썼다. "나는 내용과 시구를 가지고 있지만 전체가 이루어지지 않는다. 때때로 나는 재능이 없는 사람의 단말마적인 고통을 알 것 같다."(GBA 27, 170쪽) 이런 작업 과정을 거친 끝에 가서야 한 세기에 한 번 나올까말까 한 시구가 나온다는 사실은 브레히트의 지구력과 작품의 질에 관한 판단력을 입증해 준다. 이런 사실은 또한 그가 끝내 친숙해지지 못했던 외부의 새로운 사회 상황으로부터 별로 자극을 받지 못했음을 동시에 보여준다. 미국 망명기의 서정시의 경우 1944년 말에 완성되고 1955년에 출간된 《전쟁교본》이 유일한 수작이다.

리온 포이히트 방어와 공동 작업 재개 시간이 흐름에 따라서 수많은 사람들과 접촉이 이루어졌는데, 우선 독일 망명객들과의 접촉이었고 그들 중에서 포이히트방어가 주된 역할을 했다. 그와 브레히트는 〈시몬 마샤르의 환영들〉을 가지고 공동 작업을 재개했다. 그리고 히틀러가 산업계의 자동인형, 즉 꼭두각시인지(여기서 브레히트는 투이즘을 벗어날 기회가 있었다) 또는 브레히트가 제안한 대로 "거대한 정치적 범죄의 범인인지"(GBA 24, 316)를 지속적으로 그리고 끈질기게 물고 늘어졌다. 섣달 그믐날과 같은 명절에는 코르트너 및 그의 가족과의 지냈다. 브레히트는 에릭 벤틀리, 파울 데사우 그리고 찰스 로턴과 새로운 지인 관계를 맺었다. 특히 캘리포니아의 거의 모든 중요한 망명객들 그리고 할리우드의 엘리트들과 접촉을 하게 되었는데 그 중에는 찰리 채플린, 잉그리드 버그먼 그리고 앤서니 퀸 같은 명사들이 있었다.

민주 독일을 위한 위원회 1944년 5월 독일 민주주의의 역량을 결속하고 동포들에게 영향을 주기 위한 "민주 독일을 위한 위원회" 결성을 통해 브레히트는 정치적인 활동을 하려고 했다. 그는 창립위원회에 참가했으며 하인리히 만, 코르트너, 포이히트방어, 엘리자베트 베르그너, 파울 치너, 레오폴드 예스너 그리고 베르톨트 피어텔 등의 회원을 모집했다. 그는 알프레드 되블린, 막스 호크하이머, 프리츠 랑, 한스 라이헨바하 그리고 카를 코르쉬와 연락을 취했고 알버트 아인슈타인, 파울 틸리히 그리고 토마스 만 같은 영향력 있는 인물들을 영입하려고 했다. 엘리자베트 하우프트만과는 다시 접촉이 있었는데 그녀는 비서국을 맡을 예정이었다. 연방수사국은 물론 이 단체를 공산주의적인 단체라고 추측하고는 감시를 강화했다. 틸리히는 총회 때 이런 말을 했다. "협의회에는 두 명 반의 공산주의적인 대표자가 있다. 반 명은 브레히트이다."(BC, 733쪽) 노력은 많이 기울였지만 합의는 이루어지지 않았다. 이 위원회는 종전 직후 독일의 발전에 영향을 미쳐야 했겠지만 포츠담 회담 이후 의견이 갈리어 아무런 소득도 없이 해체되었다.

미국에서 브레히트의 가장 중요한 프로젝트는 〈갈릴레이의 생애〉를 영어로 개작하는 것이었다. 주역을 맡은 찰스 로턴과 브레히트는 새로운 공동 작업을 시험했다. 그는 〈가릴레오〉라는 이름의 영어 대본을 다소간의 차이는 있어도 책상에서가 아니라 실제로 연습을 해가면서 만들어 냈다. 이 작업은 로턴의 다른 출연 일정 때문

**165쪽
'갈릴레이의 생애'
이하 참조**

에 1947년 7월 비벌리힐스에 있는 코로넷 극장에서 시연회를 하기까지 2년 이상 걸렸다. 브레히트가 〈갈릴레오〉를 마쳤을 때는 유럽행을 막을 일이 아무것도 없었다. 그는 1947년 9월 미국 하원의 반미행위조사위원회의 출두 명령을 받는데 이것은 미국을 떠날 좋은 계기가 되었다. 물론 출국하는 데 아무런 문제가 없으면 말이다.

브레히트가 1947년 9월 19일 심문을 받은 직후 유럽행 비행기를 탄 것은 미국의 반공주의와 직접 관련된 것은 아니다. 오히려 그는 처음부터 자신의 연극을 보아줄 관객이 독일에 있다고 생각했기 때문이며 또 독일에서 그의 존재가 필요해졌기 때문이었다. 1946년 이후부터 그는 독일 특히 베를린으로 돌아오라는 권유를 여러 번 들었다. 게다가 브레히트는 저자의 허락을 받지 않고 그의 작품이 공연된다는 보고를 받았다. 1947년 2월에 그는 피스카토르에게 보낸 편지에서 적당한 배역을 찾을 수 없기 때문에 "지금까지 어떤 공연도 허락하지 않았다"고 썼다. 연극공연 양식에 관해서 들려오는 소식은 "몹시 역겨운 것이며, 극장에서는 나쁜 공연을 하느니 차라리 안 하는 것이 좋다"고 말했다.(GBA 29, 411쪽) 그러므로 브레히트는 작품을 제작할 때 그가 직접 참여하는 것이 긴요하다고 생각했다.

10월 31일 뉴욕에서 그는 예약해 두었던 파리 행 비행기를 탔다. 함께 뉴욕에 있던 헬레네 바이겔, 딸 바바라 그리고 루트 베를라우는 배를 타고 뒤따랐다. 군인이 되어서 미국 시민권을 받은 아들 슈테판은 미국에 남았다.

BERTOLT BRECHT

독일 귀환:
연극 작업과 체념(1947~1956년)

브레히트가 망명 중에도 유럽에서 잊히지 않을 수 있었던 데는 1941~1943년에 세 편의 극작품을 초연한 취리히 샤우슈필하우스가 대단히 중요한 기여를 했다. 의심할 여지없이 이 공연들은 규범을 형성하게 되었고 세 편의 망명기 극작품인 〈억척어멈과 그의 자식들〉, 〈사천의 선인〉 그리고 〈갈릴레이의 생애〉는 바이마르 공화국 시대에 브레히트가 이루어 낸 연극 작업의 우수성에 대한 시각을 지속적으로 왜곡시켰다. 전후에 다시 떠오른 브레히트의 국제적인 명성, 그가 현역 작가인 점, 취리히 샤우슈필하우스가 1946~1947년의 공연 기간에 그의 청년시절 친구인 카스파 네어를 무대장치가로 기용한 것과 같은 상황으로 인해 운 좋게도 브레히트 일가는 스위스 체류 허가를 받을 수 있었다. 그러나 브레히트가 1947년 11월 5일 취리히에 도착했을 때는 분위기가 급변했다. 그때 막 시작된 냉전은 강력한 반공주의 분위기로 이어졌다. 브레히트는 한 달이 채 못 되게 취리히에 머물다가 펠트마일렌으로 이사했다. 그가 도착하

스위스 체류

자마자 공산주의자의 전력이 있던 루트 피셔는 그를 미국에서 러시아 정보부 지부를 운영했던 공산주의 요원이라고 스위스 국립경찰에 밀고했다. 그녀는 한스 아이슬러의 누이였다. 그 때문에 경찰은 감시를 명했고 도청 장치를 설치했다. 그러나 음모를 위한 모임이나 비밀 방송국의 운영과 같은 구체적으로 제기된 혐의가 있었지만 성과가 없었다. 브레히트에 대한 오래된 적개심을 되살리는 데는 조그만 동기만 있으면 충분했다.

브레히트가 귀환한 후 파리에서 만난 아나 제거스는 독일로 가지 말 것을 권했다. 왜냐하면 그곳 즉 베를린에서는 "마녀들의 모임"이 진행되고 있으며

> 내가 서독이나 동독 중 어느 한 곳에 정착해서 다른 쪽에서는 죽은 사람처럼 될 수는 없지 않은가요.
> 1949년 4월 중순 베르톨트 브레히트가 고트프리드 폰 아이넴에게 보낸 편지에서, GBA 29, 511쪽 이하

"빗지루가 없을 뿐이라"고 했다.(GBA 27, 250쪽) 전후 독일의 상황이 불분명하고 분단의 조짐이 보이자 그렇지 않아도 우선은 거리를 두고 외국에 체류하면서 전 독일을 위해서 존재하는 것이 중요했다. 그가 다시 베를린에서 일하고자 했던 것은 브레히트에게는 기정사실이었지만 그렇다고 반드시 거주지를 확정할 필요는 없었다. 그것이 마침내 동베를린이 되었던 것은 브레히트의 결정이 아니라 상황에 의해서 그렇게 된 것이다. 브레히트는 서방 점령 지역에서 입국 허가를 받지 못했고

서베를린에서도 마찬가지였다. 그리고 그와 대화를 나눌 만한 상대는 동베를린에만 있었다. 시프바우어담 극장, 도이체스 테아터, 폴크스뷔네 등 중요한 모든 극장들이 동쪽에 있었다. 브레히트는 1948년 10월부터 1949년 2월까지 처음으로 동베를린을 방문했는데 그때 프라하를 거쳐서 입국해야만 했다. 방문의 계기는 〈억척어멈과 그 자식들〉을 도이체스 테아터에서 제작하는 것과 새로 창단할 앙상블을 위한 탐색이었다. 이 앙상블은 극장장 볼프강 랑호프의 지원을 받아서 도이체스 테아터에서 실험무대를 운영할 예정이었다. 시프바우어담 극장에는 극장 건물이 파괴된 폴크스뷔네가 입주해 있었기 때문에 그곳은 사용할 수가 없었다.

> 169쪽
> '억척어멈과 그의 자식들'
> 이하 참조

브레히트는 자신의 거주지를 스위스에 마련하거나 잘츠부르크에 살면서 잘츠부르크와 베를린을 왕래하려는 생각을 동시에 했다. 1948년 2월 그는 고트프리트 폰 아이넴을 알게 되었고 네어와 함께 셋이서 잘츠부르크의 축제극을 계획하기도 했다. 마음에 내키지는 않았지만 그는 호프만스탈의 〈모든 사람〉을 〈잘츠부르크의 죽음의 무도〉로 번안하기 시작했다. 이것은 원본에 나오는 것처럼 '모든 사람'의 죽음이 아니라 '부유한 사람'의 죽음에 관한 놀이다. 잘츠부르크에서 고용 계약이 있으면 그곳에 저의 거주 허가를 받을 수 있을 것이고 오스트리아 국적도 취득할 수 있을 것이었다. 브레히트는 폰 아이넴의 끊임없는 노력으로 1950년 4월 오스트리아 국적을 취득했다. 1951년에 이 사실이 일반에 공개되자 오스트리아에서는 제2공화국 최대의 문화적 스캔들이 일어났다고 했다. 그래서 보수적인 오스트리아 민중당은 폰 아이넴을 잘츠부르크 축제 사무국에서 제명시켰고 이로써 브레히트도 잘츠부르크 축제에 참여하지 못하게 되었다. 브레히트와 에리히 엥엘이 연출한 〈억척어멈과 그의 자식들〉의 작품 제작은 3개월 이상 걸렸다. 배우들이 어느 정도 서사극의 기법을 구사할 줄 알아야 만했다. 서사극은 숨겨진 사회적 연관성을 미학적으로 가시화하고 분명히 보여주는 예술적 수단을 가지고 묘사해야 하는 것이었다. 1949년 1월 11일의 시연회는 놀랄 만한 성공을 거두었지만 동시에 계획적으로 조직된 언론의 서사극 비방이 시작되었다. 연극은 연극적인 것이지 서사적인 것이 아니라는 이유를 들어서 서사극은 비(非)연극이라고 경멸했다. 서사(敍事)는 순전한 형식주의이며 이것은 다시금 인민과는 거리가 먼 데카당스를 장려하며 게다가 긍정적이고 방향을 제시하는 '지도적'인 주인공이 결여돼 있다는 것이었다. 그 후로도 계속해서 브레히트에게 대항해서 끈질기게 발표된 어리석은 반대론은 다 이런 식이었다. 그의 무대에서는 "선도하는 양*"(BC 853)이 필요치 않다는 말로 저자는 이런 비난을 간결하게 일축했다.

모형 연출서 비방에 대한 그의 반응은 루트 베를라우로 하여금 수백 장의 공연 사진을 찍게 하고 이것을 그의 조연출인 하인츠 쿠크한으로 하여금 해설하도록 한 것이었다. 이것은 〈억척어멈과 그의 자식들〉의 모형 연출서의 기초가 되었다. 브레히트는 그 후 다른 작품 제작을 위해서도 이런 모형 연출서가 필요하다고 생각했다. 그 이유는 국가의 실제적인 황폐화가, 15년 이상 계속된 연극술의 황폐화를 수반했기 때문이라는 것이었다. 다시 전쟁 전 연극의 수준으로 회복하기 전에는 진정한 연극술은 있을 수 없다는 건 분명한 사실이었다. 〈억척어멈과 그의 자식들〉의 공연은 모든 점령 지역에서 관객들이 찾아올 정도로 대단한 성공이었다. 1954년까지 표는 항상 매진이었고 200회까지 공연되었다. 베를린 앙상블(BE)의 창단에 대한 허가는 1949년 4월 사회주의통합당(SED) 중앙위원회에 의해서 내려졌다. 바이겔이 단장직을 맡은

베를린 앙상블 창단 베를린 앙상블은 우선 도이체스 테아터에 근거지를 두고 있었다. 1949년 2월에 브레히트는 무기한의 체류 허가를 받을 수 있을 것이라는 희망을 품고 스위스로 돌

---

*목에 방울을 달고 양떼를 인도하는 양

아갔다. 이것을 받기 위해서는 그가 현지에 있어야만 했다. 그동안 바이겔은 베를린에 머물면서 베를린 앙상블을 구성했다. 브레히트도 테레제 기제, 베르톨트 피어텔 그리고 에리히 엥엘과 같은 일류 연출가와 배우들을 새로운 연극 프로젝트에 영입하기 위해 끊임없이 노력했다. 스위스 당국은 브레히트가 낸 비자 연장 신청서를 무시했다. 그래서 그가 바라는 "독일 밖에서의 거주지"를 스위스에서는 구할 수 없다는 것이 확실해지자(Wüthrich, 2003, 152쪽) 그는 짐을 싸들고 1949년 5월 4일 바바라와 함께 잘츠부르크를 거쳐서 동베를린으로 돌아갔다. 그는 동베를린을 선택한 것이 아니라 일을 할 수 있는 장소를 찾았을 뿐이다. 이때는 동베를린이 아직 동쪽에 있지 않았음을 잊어서는 안 된다. 그곳은 베를린 중심가인 베를린-미테(Berlin-Mitte)였으며 브레히트가 생존했던 때에는 엄격한 국경 통제를 받지 않고 누구나 쉽게 왕래할 수 있었다. 그 외에도 브레히트는 국제적으로 구성된 극단과 함께 일했으며 외국과도 밀접한 관계를 유지했다. 밀라노의 연출가 조지오 슈트렐러를 예로 들 수 있다.

브레히트가 어느 한 곳에 눌러앉으려고 하지 않았다는 것은 언론인이자 연극 평론가이고 나치 당원이었던 알프레드 뮈르와 뮌헨과 아우크스부르크에서 두 번이나 만나서 공동 작업의 가능성을 타진했던 사실로도 알 수 있다. 1950년 9월에 그는 베를린 앙상블과 비슷한 앙상블을 서독에서도 창단하려고 했고 그 본거지를 다소 부정적으로 보았던 도시인 아우크스부르크에 두려고 했다. 앙상블 단원 간에 교류도 하고 서방에서 가능한 한 많은 나들이 공연을 할 예정이었다. 그 이상은 이 계획에 대해서 전해지지 않는다.

187쪽 이하 참조 브레히트가 자신의 무대를 가지고 아주 새로운 방식으로 밀도 있게 진행한 연극 작업이 전부 다 대단한 성공을 거두었음에도 불구하고 서사극에 대한 논쟁은 계속되었다. 그런데 브레히트 자신은 서사극이 당시의 형식으로는 순수하고 극단적이지 못하다고 생각했다. 게다가 1951년부터는 정치적으로 동서간의 대립이 첨예화되었고 브레히트는 이로 인하여 다시금 벌을 받는 격이 되었다. 우선 그의 오스트리아 국적을 문제 삼아서 신문은 악의에 차 격분했다. 작가인 한스 바이겔과 프리드리히 토어베르크는 빈에서 처음으로 반(反) 브레히트 캠페인을 시작했고 이 때문에 스위스에서 계획되어 있던 그의 극작품들의 공연이 취소되었다. 이런 분위기에서 〈헤른부르크의 보고〉(1951)와 〈챠아가냐 베르지에프 또는 수수의 교육〉(1950)과 같은 작품들이 악영향을 더했다. 이 두 작품은 "전제제도에 봉사하기 위한 예술 오용의 최하점"(Wüthrich, 2003, 159쪽)이라고 평가되었다. 이런 '졸작'이 가지고 있는 문학적인 위트와 아이러니컬한 명랑성은 일부러 간과되었다.

> 나는 내가 여기 있기 때문에 나의 의견이 없는 것이 아니라, 나의 의견이 있기 때문에 여기 있는 것입니다.
> 베르톨트 브레히트, 〈작가 볼프강 바이라우흐의 질문에 대한 답변〉,
> GBA 23, 220쪽

독일연방에서는 1950년에 프랑크푸르트에서 주어캄프 출판사를 설립한 페터 주어캄프와 극장장 하리 부크비츠가 우수한 작품 제작을 통해 브레히트를 위한 투쟁을 시작했다. 대체로 극장들은 브레히트 보이콧에 반대했고 연극인들은 브레히트의 극작품이 얼마나 연극적인 가능성을 내포하고 있는지를 금방 알아차렸다. 훌륭한 연극인들은 이데올로기를 가지고는 예술을 만들 수 없다는 것을 이미 전부터 알고 있었고 관객은 재미있어 보이고 무엇인가 볼거리가 있다고 생각하는 공연을 찾아갔다.

고루하고 조직적인 방해 정책은 브레히트의 종말을 이끌었다. 그가 대단히 정열적으로 시작한 일이 계속해서 강력한 방해 공작에 부딪치자 그의 창작열은 마비되었고 결국 굴복하지 않을 수 없었다.

그렇게도 정치적이라고 하던 브레히트, 공산주의적인

하리 부크비츠(왼쪽) 및 페터 주어캄프 (가운데)와 함께 (1955년)

파괴 공작을 하는 예술가 브레히트는 일생 동안 정치보다는 자신의 예술 작품과 그것의 사회적인 인정에 더 관심이 많았다. 그는 항상 정치적으로 정확한 정보를 가지고 있었다. 하지만 그는 정치적인 활동을 할 여가가 없었다. 이런 사실은 엄청난 작품의 분량만 보더라도 충분히 알 수 있다. 무대, 영화, 라디오 등 시간이 많이 드는 다른 작업은 계산하지 않더라도 말이다.

동독에서 작업 상황

브레히트가 성공을 거둠으로 해서 동독에서는 당의 의지에 반대되며 민중과도 거리가 먼 예술을 관철시킬 수 있다는 점을 우려한 사회주의통합당 중앙위원회는 1951년 5월 초 "빌헬름 기르누스 동지는 브레히트를 데리고 지속적인 정치 공작을 수행하고 그에게 도움을 제공하라"고 결의했다. 쉽게 말하면 브레히트의 공공연한 적대자들 중 한 사람이었던, 당시 사회주의통합당 기관지인 《노이에스 도이치란트》의 편집국 부국장 빌헬름 기르누스가 발터 울브리히트로부터 브레히트를 감시하는 첩자로 공식 임명되었던 것이다. 이로써 브레히트로서는 공식적인 사회주의적 리얼리즘을 위한 예술적인 공동 작업을 한다는 것이 더 이상 불가능했다. 그의 모든 작업은 동독이나 그 정책과는 별로 또는 전혀 관계가 없었다. 독일 예술원(DAK)에서 진행된 지속적인 논쟁도 다를 바가 없다. 어쨌든 브레히트는 아르놀트 츠바이크, 바이겔, 예링 그리고 아이슬러와 마찬가지로 1951년 6월부터 갑자기 "프롤레타리아 문화혁명"의 딱지가 붙은 좌파에 속하게 되었다. 이들은 "서방으로 가교를 설치하려 한다"는 비난을 받았다. 그러나 이것은 당시엔 아직도 동독의 공식적인 정책이었으며 누구보다도 브레히트가 강력하게 주창한 것이다. 그에게는 오로지 하나의 독일 문화가 있을 뿐이었다. 1953년에 브레히트가 또다시 서방 신문의 머리기사를 부정적으로 장식한 두 가지 사건이 있었으니 3월 5일의 스탈린 사망과 6월 17일의 노동자 봉기였다. 《노이에스 도이치란트》는 스탈린이 사망하자 추도문을 모아서 실었는데 그 중에는 브레히트의 것도 있었다. 스탈린은 "오 대륙의 억압된 사람들의" 희망의 "화신"이었다고 브레히트는 말했다. "그가 제작한 정신적이고 물질적인 무기는 여기 있으며 새로운 것을 제작하라는 교훈도 있다." 이렇게 브레히트는 특유의 방식으로 비판을 교묘하게 표현했다. 즉, 새로운 교훈을 만들어 내야 된다는 것이다. 그는 동시에 발표하지는 않았지만 텍스트에 첨가했던 것을 전술적으로 숨기고 있었다. 그가 스탈린을 찬양한 이유를 그는 이렇게 부언하고 있다. "그의 지휘 하에 강도들을 격퇴했기 때문이다. 강도들이란 나의 동족이다."(GBA 23, 225쪽 이하) 베를린에서 6월 17일 일어난 노동자 봉기도 브레히트의 분명한 입장 표명을 유도할 수 있었을 것이다. 사회주의통합당이 국민을 위해서가 아니라 국민에 반대해서 통치를 하고 있다는 것이 이미 여기서 결정적으로 드러났기 때문이었다. 하지만 브레히트는 또다시 교묘하게 빠져나갔다. 그는 베를린 앙상블을 동원하고 라디오 방송 시간을 할애받으려고 했지만 일언지하에 거절당했다. 그는 노동자들의 요구가 정당하고 당과 대중의 대화가 필요하다는 사실을 인정하면서도 동시에 사회주의통합당에 대한 연대감을 보증했다. 동시에 그가 1954년 1월 1일부터 시프바우어담 극장에 입주해야만 된다는 점을 정부 당국에 상기시킨 점은 특이하다. 그렇지 않으면 서방에서는 당과 자기 사이에 의견 대립이 있다는 인상을 받을 수 있다는 것이었다. 동시에 그는 "나치 도당"이 아직도 있으며 머릿

1953년 6월 17일 노동자 봉기

속에도 도사리고 있는데 6월 17일 베를린의 상황이 이를 분명히 보여 주었다고 강조했다. 그 이유를 그는 나치의 과거 청산이 없었고 "독일 민족의 찬란한 문화"의 긍정적인 것이 무비판적으로 선전되었기 때문이라는 것이었다.(GBA 23, 547쪽에서 인용) 1954년에 브레히트는 극작품 〈투란도트 또는 결백조작 대회〉를 위한 머리말 초안에서 이렇게 말했다. 동독에서는 "나치의 기구가 다시 움직이기 시작한다." "소신도 없이 비겁하고 적개심을 품고 있지만 고루한 관리들은 굽실거리면서 또다시 주민의 의사를 거역하면서 지배하기 시작했다."(GBA 24, 410쪽) 이 말은 동독 정부가 알고 인정하는 가운데 나치의 행정이 단절 없이 계속된다는 것이었다. 이런 비판은 그때까지 없었던 것이었다. 그러나 브레히트가 이 텍스트를 출간하지 않았기 때문에 공개적으로 논의된 것은 아니다.

그의 시 〈해결책〉도 이와 다르지 않았다. 이것은 오래된 투이 주제로서 브레히트는 이것을 다시 끄집어내서 별다른 단절 없이 동독의 상황에 적용할 수 있었다. 이로써 여기에 포함된 비판은 그가 1930년 초에 세력을 뻗어가기 시작한 파시즘에 대해서 가했던 날카로움을 되찾게 되었다.

다시금 높아진 예술의 수준과 불안정한 베를린 앙상블

〈투란도트 또는 결백조작 대회〉

> 6월 17일 봉기가 있은 다음
> 작가연맹의 서기장은
> 스탈린알레에서 전단지를 뿌리게 했는데
> 거기엔 이렇게 쓰여 있었다.
> 인민이 경솔하여
> 정부의 신뢰를 잃었노라고
> 그리고 두 배의 노동으로만
> 그것을 재탈환할 수 있다고.
> 그렇다면 정부가 인민을 해산하고
> 다른 인민을 선출하는 것이
> 더 쉽지 않을까?
>
> 베르톨트 브레히트, 〈해결책〉
> GBA 12, 310쪽

의 지위를 위험에 빠뜨리지 않기 위해서겠지만 이런 비판은 하나도 발표되지 않았다. 《노이에스 도이치란트》가 정부에 대한 브레히트의 비판을 빼고 연대감에 관한 부분만 실었기 때문에 서독의 우파 신문은 마침내 자신들의 견해가 확인되었다고 생각했다. 즉 브레히트는 가장 악덕한 공산주의의 동조자이며 독일 문화를 이념적으로 배반하고 있다고 했다. 그는 독일 시인들의 반열에서 제명되었으며 판코의 궁중 가수로 격하되었다. 그의 "선전극"을 다시는 공연하지 말라는 격문(檄文)이 대량으로 발표되었다.

브레히트 보이콧에 저항한 것은 또다시 극장들이었다. 1954년에 베를린 앙상블은 파리에서 〈억척어멈과 그의 자식들〉의 공연으로 "브레히트의 혁명"을 시작했다. 롤랑 바르트, 장 폴 사르트르, 베르나르 도르 등이 마침내 (사회비판을) 내용적으로 그리고 (관객의 비판적 시선으로) 수용자 중심으로 진지하게 다루는 서사극을 동시대의 연극이라고 찬양했다. 프랑스의 실존주의는 위기에 빠

194쪽 참조

지고 브레히트는 외국을 거친 우회로를 통해서 독일 사람들에게 20세기 독일의 가장 중요한 작가로 제시되었고 독일인들은 이를 인정하지 않을 수 없었다.

1954년 6월 브레히트는 시프바우어담 극장이 베를린 앙상블에게 넘겨질 것이라는 약속을 받았다. 첩자인 기르누스는 사회주의통합당의 중앙위원회에 다음과 같은 이유를 들어서 이를 찬성했다. 베를린 앙상블에게 이 극장 사용을 거부하는 것은 국제적으로 "감당하기 어렵다"는 점을 도외시하더라도 브레히트에게 위임하는 것은 "교육적인 효과가" 있다. 브레히트는 관객을 끌어 모아야 하기 때문이다. "그러므로 그에게 어떤 조그만 가게를 줄 것이 아니라 정식 극장을 주어서 그의 원초주의와 청교도주의를 불충분한 기술적 여건 때문이라고 변명할 수가 없게 해야 한다." 그 대신 기르누스는 《노이에스 도이치란트》에서 베를린 앙상블의 공연을 "합당하게 비평"하겠다고 했다.(BC, 1071쪽에서 인용) 그는 그렇게 했지만 성과는 없었다. 새로운 브레히트 연극은 더 이상 제동을 걸 수가 없었다. 베를린 앙상블은 몰리에르의 〈돈 주앙〉 번안을 가지고 1954년 3월 19일 시프바우어담 극장 개관 공연을 함으로써 이정표를 세웠다. 국제적이고 가능한 한 '비독일적이고' 희극적이고 유희적이고 풍자적이고 비판적이며 재미있다는 것. 이 공연

역시 성공적이었다.

하지만 연극 작업과 공개적인 혹평은 그 대가를 요구했다. 50대 중반의 브레히트는 자신에게서 노화 현상을 확인하고는 베를린 교외의 조용한 저택을 얻으려고 노력했다. 1949년 4월 이후 그는 가족과 함께 베를린-바이센제에 있는 집을 임대해서 살고 있었는데 거리가 멀어서 차를 많이 타고 다녀야만 했다. 그런데 1952년 3월 부코에서 그는 두 채의 집이 딸린 별장을 발견했다. 이 저택은 바로 쉐르뮈첼제 호수가에 있었으며 집 한 채는 바이겔이 살고 한 채는 자신이 살았다. 그는 자신의 신분과 작품에 대한 다툼과 도시 생활을 벗어나 휴식을 취하기 위해 은거했다. 특히 1953년 6월 17일 이후부터 그는 점점 더 체력이 달림을 느꼈고 자신의 존재가 '생소화되었다'고 판단했다.(GBA 27, 346쪽) 브레히트가 자신의 미학적 핵심 개념을 사용한 것은 그의 예술적인 소외도 포함시키기 위한 것이었다. 이것은 그가 자신의 작품을 다시 염려하기 시작했다는 것을 뜻한다. 〈부코의 비가〉는 망명기의 언어 세탁 방식으로 다시 돌아갔고 이상한 노년의 어조가 서정시에서 번져갔다. 6월 17일 봉기에 대한 동독의 정치적 반응을 그는 전속력으로 진행되는 "결백조작"(GBA 30, 180쪽)으로 평가했다. 그러므로 그가 1954년에 〈투란도트 또는 결백조작 대회〉라

점점 악화되는 건강

〈부코의 비가〉

는 별로 새로울 것이 없는 극작품을 쓴 것은 이상한 일이 아니다. 이것이 그의 마지막 작품이 된다.

1953년 10월 바이겔과 브레히트는 베를린-미테에 있는 쇼세가 125번지의 집으로 이사했다. 이 집은 극장에서 가까웠고 도로테아 공동묘지가 바라다 보이는 곳에 있었다. 브레히트는 만족했다. 그럼에도 불구하고 부코에서의 체류가 빈번해졌고 피로감이 누적되었다.

1954년 브레히트는 토마스 만이 거절한 스탈린 평화상을 받았다. 브레히트가 토마스 만의 반응에 대해서 아무것도 몰랐는지, 또는 알았더라면 그도 역시 거절을 했을지 하는 것은 밝혀지지 않았다. 서방에서 또다시 "모스크바의 하인"에 대한 캠페인이 벌어지자 브레히트는 역시 상을 받아들인 채플린을 예로 들어 변명했다.(GBA 30, 352쪽) 브레히트가 상금 16만 루블을 사람들이 예상한 대로 동독의 계좌에다 입금하지 않고 스위스로 송금하도록 한 것으로 인해 또 뒷이야기가 있었다. 그는 이로써 "자본주의적인 재보험자임이 드러났다"(Wüthrich, 2003, 166쪽)는 것이었다. 실제로 브레히트는 1955년에 베노 베손과 막스 프리쉬를 통해서 제네바 호숫가에 집을 한 채 사려고 했다. 또다시 망명을 고려했던 것이다. 하지만 더 이상 그렇게 되지는 못했다. 1955년 7월 그는 "자기의 건강 및 창조력을 유지하기 위해서"(BC,

스탈린 평화상

1174쪽) 필요하다고 하여 매월 뮌헨에서 100병의 맥주를 수입해도 좋다는 허가를 얻어 냈다. 하지만 에른스트 슈마허가 열심히 베를린으로 운송한 맥주도 별 득이 되지 못했다. 그를 어릴 적부터 따라다니던 심장병이 점점 심해졌고 여러 합병증이 동시에 찾아와 결국 브레히트는 1956년 8월 14일 심근 경색으로 사망했다. 그가 지시한 대로 그의 심장에 구멍을 뚫었고 그날 밤 그의 시체를 운구할 아연관이 준비됐다. 그의 묘는 도로테아 공동묘지에서 헤겔의 묘를 마주 보고 있다.

브레히트의 묘비

하느님께 맹세코, 장차 내 묘비에선
이런 것을 읽을 수 있으면 좋으련만.
여기 B.B.가 누워 있다. 순수한. 공정한. 성난.
그 밑에서는 틀림없이 푹 잘 수 있을 것이다.
　　베르톨트 브레히트, 〈묘비명의 감상적 회상들〉, GBA 13, 266쪽

작품
Werk

마지막 전방위 예술가

브레히트는 1913년부터 체계적이고 집중적인 글쓰기 연습을 시작했고 열여덟 살 때인 1916년에 작가 수업을 마쳤다. 그의 말을 그대로 믿는다면 그 후부터 그는 대가의 칭호를 받으려고 노력했고 그 목표를 1921년 6월에 달성했다. "나는 내가 고전작가가 되기 시작하는 것을 관찰하고 있다"(GBA 26, 230쪽)라고 그는 기록했다.

열다섯 살 때 그는 서정시, 산문, 희곡 등 각종 장르의 습작을 했고 영화 대본을 쓸 생각도 가졌다. 그 후 그는 언제나 모든 중요한 문학 장르를 넘나들며 동시에 작업을 진행했다. 1922년부터는 연출가 및 드라마투르크로서 활동했고 영화나 라디오 방송을 위한 텍스트 작업도 했다. 그의 서정시는 처음부터 음악성, 즉 가창성(歌唱性)을 가지고 있었다. 브레히트는 멜로디를 스스로 작곡하거나 다른 사람에게 작곡을 맡겼다. 텍스트와 음악의 상호작용 및 조화가 처음부터 그가 하는 작업의 중심이었다. 텍스트에 단순히 곡을 붙이는 것이 아니라 독자적인 예술의 협동이 중요한 것이었다. 브레히트는 뮌헨 시절부터 연극에서 이것을 요구했다. 문학, 연극, 무대장치 그리고 음악이 상호 지원하면서 각기 최선을 다해야 된다는 것이다. 이렇게 해서 원작자가 간여하지 않아도 관객의 기억에 남는 노래가 나오게 되었다.

브레히트 작품의 방대함

작품의 전방위적인 확장과 더불어 작품의 양 또한 대단했다. 브레히트는 58년을 살면서 많은 시간을 실무적인 예술 작업을 했고 15년간을 쫓겨 다니며 전 세계를 한 바퀴 돌았다. 그리고 시간이 날 때마다 놀이, 특히 체스를 즐겼고 대화와 토론을 즐겼다. 베를린에 있는 베르톨트 브레히트 기록보관소(BBA)에는 20만 장 이상의 작품 원고가 소장되어 있으며 이것이 브레히트 《해설부 신전집》에 약 18000쪽 분량으로 수록되었다. 브레히트는 48편의 장막 희곡을 썼고(셰익스피어는 37편을 썼다) 거기에 더해 50편 정도의 단편(斷片)을 남겼는데 그중에서 적어도 열 편은 공연이 가능하다. 장편소설은 세 편인데 그중 두 편은 미완성이며 분량으로 치면 대략 카프카가 쓴 장편소설에 맞먹는다. 200편이 넘는 중단편 소설은 양적으로 카프카를 훨씬 능가한다. 잘 알려진 시와 노래를 합친 서정시는 2300편이 넘는데 이는 릴케, 벤 그리고 게오르게의 시를 다 합친 것보다 더 많다. 그의 이론적인 논설문은 《신전집》 여섯 권을 채우는 방대한 분량이며 연극, 문학, 스포츠, 시사적 사건, 철학, 역사, 자연

과학, 환경오염(이것 까지도!) 등등 광범위한 주제를 다루고 있다는 점이 특징이다. 그 외에도 당시에는 극장에 알려지지 않은 독자적인 유의 예술 작품인 〈갈릴레이의 생애〉, 〈안티고네〉 그리고 〈억척어멈과 그의 자식들〉에 대한 《모형 공연서》도 있다.

그의 일기도 새로운 장르를 이룬다. 처음부터 일기는 자기 묘사를 위한 것이라기보다는 창작 작업과 그에 따르는 이론적인 성찰을 위한 것이었다. 망명기의 브레히트는 개인적, 정치적, 이론적인 데이터를 사진, 컷 그리고 보도 사진, 신문 스크랩 등과 조합했다. 그래서 기록물이라기보다는 사진과 언어로 된 새로운 형태의 예술 작품이 생겨났다. 이와 관련해서 브레히트는 사진 에피그램에 대한 착상을 하게 되었는데 이것은 공식적인 보도 사진에다가 해설적인 텍스트를 붙이거나 에피그램 식 4행시를 몽타주하는 형식이다. 이 4행시는 사진을 해설하거나 해석하고 사진에서 보이지 않는 새로운 관점을 추가하기도 한다.

새로운 장르로서의 일기

시민사회에서 오랫동안 예술로 인정을 받기 위해 싸워야만 했던 영화의 가능성과 영화를 통해 문학 작품보다 돈을 더 많이 벌 수 있다는 것도 브레히트는 즉시 알아차렸다. 물론 그는 극장보다는 영화 산업계에 훨씬 접근하기 어렵다는 것을 경험하지 않을 수 없었다. 영화사와 계약을 맺었다고 하더라도 합의된 영화가 반드시 제작된다는 보장은 없었다. 그러나 〈서푼짜리 오페라〉(1930)의 영화 제작이 브레히트의 의사와는 달리 재판을 통해서 관철되었다는 사실을 원작자는 신문과 방송 캠페인을 위해서 이용했다.(아마 지금까지 유일한 일일 것이다) 그는 허구의 '증거'까지 대면서 독일 사회와 법원에 팽배한 법의 왜곡과 (도덕적) 기만을 가차 없이 비판한 것이다. 〈서푼짜리 소송〉은 한 작가가 자신이 살고 있는 사회를 문자 그대로 춤추게 하는 것을 보여 주는 기록이다. 한편 브레히트는 영화 〈쿨레 밤페〉(1931) 제작에 시나리오 작가, 드라마투르크 그리고 조연출로 참여했고 영화로 만들어지지는 않았지만 몇 개의 스토리를 미국의 스튜디오에 팔았다. 〈형리들도 역시 죽는다〉(1942)의 대본에도 참여했다. 이후 동독에서 두 편의 다른 작업이 이어졌는데 〈푼틸라씨와 그의 하인 마티〉(1955)와 영화화되지 않은 〈억척어멈과 그의 자식들〉의 시나리오가 그것이다.

〈서푼짜리 소송〉

연구자들은 브레히트를 철학자로 만들고 싶어 했지만 논설문 유고는 이와는 성격이 다르다. 대부분의 이론적인 고찰은 실무 작업을 위한 것이었지 출간용은 아니었다. 많은 '철학적인' 텍스트들도 독서와 관련된 고찰이거나 읽은 것이나 토론한 것에 대한 기록들이다. 칼 마

실무 작업을 위한 이론

르크스 대신 카-메라는 생소한 이름을 사용하면서 중국적인 옷을 입힌 철학적-변증법적인 격언과 짧은 이야기들을 혼합하고 역사와 시사적 사건에 대한 성찰을 담은 〈변화의 책〉을 쓰려는 야심적인 계획은 이루어지지 않았다. 이 유고는 미완성인데 이전에 출간된 간행본들로 인해서 마치 완결된 '교과서'라는 그릇된 인상을 줄 수 있었다. 브레히트가 '서사극'의 이론을 썼다고 할 수는 없지만 그럼에도 불구하고 서사극에 대한 그의 논설문들은 중요하고 내용이 풍부하기 때문에 추후에 (인공적으로) 이론이 재구성되었다. 그 자체로는 역시 존재하지 않는 학습극 이론도 마찬가지다. 이에 관한 산발적인 논설문을 가지고 완전히 새롭고 역사적으로 유일하며 음악이 있는 연극의 장르를 재구성할 수 있었다. 이 두 가지 연극 형식은 전 세계적으로 받아들여졌고 공연되었다.

> 사람은 마음속으로 제 갈 길을 계획하지만 하느님이 그의 길을 인도하신다.
> 솔로몬의 금언집, 16,9
> 사람들은 생각하길: 하느님이 인도하신다고!
> 성서의 인용문을 베르톨트 브레히트가 변경시킨 것,
> 〈억척어멈〉, GBA 6, 49쪽

브레히트는 모든 장르에서 내용에 걸맞은 형식을 찾아냈다는 점에서 뛰어났다. 위대한 예술 작품은 주제를 통해서보다는 지속성 있고 항상 다시 인용할 수 있는 명문

장을 통해서 입증된다. 브레히트의 작품에는 그런 인용문이 무궁무진하다. 〈전쟁교본〉에 나오는 "그것이 기어 나온 자궁은 아직도 임신을 할 수 있다"(GBA 12, 266쪽)든지 〈서푼짜리 오페라〉에 나오는 "우선은 배불리 처먹어야 도덕심이 생긴다"(GBA 2, 284쪽) 또는 "하지만 형편이, 형편이 그렇지 못하도다"(GBA 2, 261쪽) 등은 그동안 일상적인 상용구가 되었기 때문에 대부분의 사람들은 브레히트를 인용한다는 것을 전혀 알지 못한다.

초기 서정시
(1913~1920년)

브레히트는 1913년 학생 잡지 《에른테》를 위해서 최초 **25쪽 참조**
의 희곡인 〈성경〉을 썼지만 당시의 다른 텍스트들과 마
찬가지로 일종의 습작에 불과했고 중요성도 떨어진다.
두 번째 희곡 〈바알〉까지는 서정시가 주류를 이룬다. 브
레히트의 '독자적인' 목소리(브레히트에게도 이 말을 적용할
수 있다면)는 1917년부터 확실히 나타난다. 성(性)의 문제
가 주제로 등장하고 프랑수아 비용 같은 사회적 국외자
가 모범이 되며 프리드리히 니체의 철학이 〈철학적 춤
의 노래〉(GBA 13, 112쪽 이하) 같은 데서 목소리를 내기도
하며 두드러진 자기 묘사도 나온다(〈세레나데〉, GBA 13,
93쪽).

1917년에 쓴 〈실망한 자의 하늘〉(GBA 13, 100쪽 이하)이라
는 시가 초기 시의 본보기라고 볼 수 있다. 네 소절의 규
칙적인 구성으로 5각 강음의 강약격 운율로 교차 각운
을 썼다. 다시 말해 기법적으로 안정적이고, 이해하기
쉽고 반복되는 단어와 음향('하늘', '천'(千), 소절을 뛰어넘
는 각운들)을 통해서 노래가 가능한 텍스트이다. 이 시는

실망한 자들의 하늘을 다루고 있는데 여기서 '실망'은 니체를 따른 이중적인 의미, 즉 '무엇으로 실망하다'와 '더 이상 속지 않는다'라는 두 가지 뜻이다. 이 하늘은 '차가운 하늘'과 '아래의 하늘', 즉 '경탄자의 하늘' 사이 '반쯤의 위치에' 자리하고 있다. 후자에는, 아직도 찬가를 위쪽의 '차가운 하늘'로 보내지만 더 이상 대답을 듣지 못하는 사람들이 앉아 있다. 여기서 차가움은 인간의 '초월적인 노숙 상태'에 대한 니체의 은유이다. 대단한 파토스 없이 '실망한 자들의 하늘'에만 박애주의를 인정한다. 다른 두 하늘은 "우울한 영혼들"을 위한 절망만을 주기 때문에 철폐되어야 한다. 기독교적인 천년 왕국의 계약을 약속하는 익명의 대변인은 시간을 너무 오래 잡기 때문에 아마도 성공하지 못할 것이다(사람들은 속는 것을 좋아하기 때문이다). 이 모든 것은 아주 '성숙하고' 고요하며 자제하고 확인하는 자세이다. '무정부주의' 혹은 '허무주의'적인 떠들썩함은 없다. 여기서 한 시대가 아주 서서히 그리고 불확실하게 끝나간다.

1917년에 쓴 〈하느님에 대한 찬가〉에서 서정적 자아는, 하느님이 존재하지 않으며 그런 것이 오히려 좋다고 하는 의견에 대해 "어떻게 그렇게 없다고 기만할 수 있는가?"라고 반론을 제기한다. 초월적인 신의 존재에 대한 질문은 교회, 법률, 고위 성직자들, 하느님이 원하는 전쟁 등등의 형태로 나타나는 사실상 신의 내재성으로 볼 때 잘못 제기된 질문이다. 이로써 허무주의적인 결론은 현실에 대해서 맹목적인 것으로 폭로된다.

바알

극작품, 프랑크푸르트 암 마인, 주어캄프, 1966년

초연: 라이프치히 알테스 테아터, 1923년 12월 8일

제1판이 1918년 4월에서 7월 사이에 쓰인 (《성경》 다음에) 본격적 처녀 희곡 〈바알〉에서도 서정시가 중심적인 역할을 한다. 사건 진행의 시간은 현재이며 중심인물은 바알이다. 서정시인인 그는 자극적인 시행(그 텍스트는 희곡에서 실현되지 못한 것이다)을 가지고 사회를 도발하며 방탕하게 생활하면서 자신의 친구와 친구의 애인까지 희생자로 만들고 그 자신도 마침내는 소멸로 향해 간다. 그는 예술 작품을 체현하기 위해 본격적으로 방탕한 생활을 하고 동시에 (현실과 예술을 동일시하면서) 자신의 주변 환경까지 놀이의 소재로 끌어들인다. 마침내 그는 숲 속의 벌목꾼들 곁에서 고독하게 죽어 가는데 그들은 자연을 파괴하고 "치빌리스"(Zivilis, Zivilisation과 Syphilis의 합성한 신조어)를 도입하려고 나선 사람들이다. 브레히트가 1919년에 써서 희곡에 끼워 넣은 〈위대한

바알에 관한 찬송가〉는 주인공의 이력을 요약해서 이야기하고 있는데 주인공의 삶은 대체적으로 자연 속에서 전개된다. 그래서 희곡의 각 장면은 살인가요의 그림* 처럼 보인다.

판본들 문헌학적으로는 1919년의 제2판이 유효하다. 1922년에 초연된 제3판은 무대 공연을 위해서 브레히트가 한발 물러선 것이었다. 1955년의 판본이 제일 많이 보급되었는데 여기에는 요하네스 R. 베헤르와 게오르크 하임의 시구가 삽입되어서 잘못된 길로 인도한다. 브레히트는 텍스트를 쓸 당시 이 두 사람을 알지 못했다.

사람들은 항상 구약 성서에 나오는 악(惡)의 신 바알과의 연관성을 찾는데 물론 그런 연관성이 없지는 않다. 하지만 브레히트의 모델은 요한 바알이라는 아우크스부르크의 타락한 시인이었다. 그는 '좌절한 천재'로서 아우크스부르크의 술집을 전전했다. 그래서 이 극작품은 1919년에 쓰인 몇 편의 단막극들과 함께 동시대 아우크스부르크의 지방색을 뚜렷이 드러내고 있다. 그라베를 주제로 한 한스 요스트의 극작품 〈고독한 사람〉과 관련이 있다는 주장이 늘 제기되긴 했지만 외형적으로만 그렇게 보일 뿐이다. 이런 주장에 의하면 〈바알〉은 이 작품에

*옛날 큰 대목장 등 사람들이 많이 모이는 데서 장타령꾼이 그림을 보여주면서 끔찍스런 살인사건을 노래했음.

> 휘파람과 '뛔' '뛔' 소리 그리고 박수가 뒤엉켜서 노호(怒號)하는 가운데 겁에 질리고 창백하고 수척한 소년, 작가 베르톨트 브레히트가 나왔다. …… 그의 얼굴 표정: 맙소사, 내가 무슨 일을 저지른 것인가 …… 나는 원래 〈바알〉과 같은 작품의 작가는 분노의 격정에 대항해서 반항적으로 더욱더 남자다운 가슴팍을 내밀 것이라고 상상했었다.
>
> 한스 나토넥, 라이프치히의 알테스 테아터에서 〈바알〉의 초연을 보고, 《노이에 라이프치히 차이퉁》, 1923년 12월 10일, GBA 1, 534쪽에서 인용

대한 대안이었다는 것이다. 브레히트는, 지금까지 생각된 것 이상으로 괴테와 유사하게, 자신의 주제를 동시대의 주변 환경이나 자신의 체험에서 이끌어냈다. 다시 말해 그 주제들은 브레히트의 환경과 체험에 "근거"한 것이다.

바르간은 포기한다

단편소설, 뮌헨, 《데어 노이에 메르쿠어》, 1921년 9월

브레히트는 1919년 〈바르간은 포기한다〉라는 최초의 산문 대작을 쓰는 데 성공했다. 이 단편이 뮌헨에서 간행되던 잡지인 《데어 노이에 메르쿠어》에 1921년 발표된 이후, 〈한밤의 북소리〉가 발표되기 훨씬 이전에, 그는 독일에서 문학의 유망주가 되었다. 허구적인 칠레를 배경으로 해적들 사이에서 벌어지는 이 이야기는 일인칭

35쪽 참조

서술자의 시점으로 진행되는데 이 서술자는 단지 주변 인물로서 등장할 뿐이며 황당무계하고 잔인한 이야기를 마치 이 세상에서 가장 자연스런 일인 양 기자처럼 냉담하게 묘사한다.

자기 대원들로부터 신처럼 존경받으며 자기가 벌인 사업에 크게 성공한 뛰어난 해적 대장 바르간은 어느 날 자신의 혐오스런 패거리 중 한 사람에게 반한다. 그는 크로체라는 이름을 가진 '상트 마리의 안짱다리'였다. 바르간은 크로체에 의해 강등되고 신과 같은 능력을 상실하며 마지막에 가서는 선상에서 심부름하는 소년처럼 배의 청소를 한다. 크로체와 그의 몇 명 안 되는 '동지'들을 제압한 다른 단원들은 마침내 바르간의 아무런 저항도 받지 않고 바르간과 크로체를 보트에 실어서 바다에 띄워 보낸다. 이 두 사람은 죽음을 향해 떠나간다.

'하늘을 정복할' 수 있다던 바르간은 이제까지 자기 자신의 정체성을 '정의해 주었던' 모든 것을 포기한다. '비루먹은 개'(GBA 19, 37쪽)에 대한 사랑이 더 강하기 때문에 그가 체면을 잃든, 강등을 당하든, 죽음을 향해 가든 상관없이 그 사랑을 따르지 않을 수 없는 것이다.

이 단편에도 허무주의적인 파토스는 없다. 바르간은 자신의 도당의 파괴적인 가치까지도 포함한 모든 가치를 포기한다. "하느님의 노력"인 바르간은 공격해야 할 하늘을 더 이상 인지하지 않고 마침내는 자신을 포기한다. 크로체가 혐오스런 인간이란 점에서 바르간은 최고의 (도착적인) 향락을 즐기는 사람이라고 일인칭 서술자는 마지막에 가서 묘사한다. 그러면 하느님은? 하느님은 모든 것을 태연하게 바라보면서 자신의 가장 훌륭한 피조물을 내줘 버린다. 결론은 〈바알〉과 비슷하다. 이 세상은 자기를 파괴함으로써만 살아갈 수 있다. 더 이상 아무것도 의지할 것이 없기 때문이다.

한밤의 북소리

극작품. 뮌헨, 드라이 마스켄, 1922년

초연: 뮌헨 캄머슈필레 극장, 1922년 9월 29일

브레히트의 극작품으로는 처음으로 공연된 〈한밤의 북소리〉가 뮌헨의 캄머슈필레 극장에서 1922년 초연되어 선풍적인 인기를 얻음으로써 젊은 브레히트는 극작가로서의 명성을 굳히게 되었다. 주인공 크라글러는 뒤늦게 전쟁터에서 돌아와 약혼자 안나가 이미 다른 사람에게 '점령' 되었음을 알고는 실망한 나머지 혁명에 가담할까 하는 생각도 하지만 '이성'을 되찾아 애인을 재탈환하기로 결심하고 마침내 이에 성공한다. 이 극작품의 제목은 처음에 〈스파르타쿠스〉였는데 혁명의 북소리는 배경

33쪽 참조

의 효과음일 뿐이며 빨간 달도 등불로 밝혀진다. 안나의 가족은 혁명적인 사건으로 약간 불안해 하기는 하지만 전쟁 덕으로 많은 돈을 벌었으며 소위 혁명기라고 하는 전쟁 직후에 아무 일도 일어나지 않았다는 듯이 다시 적응한다. 다만 총알 상자의 생산을 "유모차" 생산으로 전환할 뿐이다. 다음 세대의 총알받이들이 이 유모차를 타고 자라날 것이다.

> 〈한밤의 북소리〉라는 극작품을 썼는데 이것은 1923년 전 독일의 무대를 휩쓸었으며 희곡의 최고상(賞)인 클라이스트 문학상을 받았다.
> 베르톨트 브레히트, 〈베르톨트 브레히트〉, GBA 26, 305쪽

이 극작품은 그 당시엔 아직 은폐되어 있던 종전(終戰)과 바이마르 공화국 초기의 상황을 아주 정확하게 표현했다. 브레히트는 이 시기를 "투이 공화국"이라고 불렀다. 즉 1919년 2월 설립된 공화국의 새로운 헌법에 의해 보장된 자유로 인해서 억지로 감춰지긴 했지만 제국의 잔재가 계속 유지되었던 것이다. 4막에서 소주방의 '발라드'라는 제목으로 노래 불려지는 시 〈죽은 병사의 전설〉은 분명히 반혁명적인 경향을 강조하면서 혁명적인 사건에 대한 냉소적인 작별의 노래로 등장한다. 이로써 혁명적인 사건들은 전쟁의 연속으로 규정된다.

서정시
(1920~1922년)

1920~1922년의 기간은 브레히트가 가장 왕성하게 서정시를 창작한 때였다. 약 280편의 시와 노래가 쓰였으니 주당 약 두 편을 쓴 셈이다. 그중에는 〈가정기도서〉의 적지 않은 시들과 자극적인 〈잠언〉이 있다. 후자는 산문시들로 성경에 나오는 모세, 다비드, 솔로몬의 〈잠언〉과 유희적인 연관을 가지고 있으며 아이러니한 자기묘사이다. 서정적인 자서전인 〈가련한 B. B.에 관해서〉도 이 시기에 쓰인 시들 중의 하나다. 이 시에서 브레히트는 자신이 '검은 숲의' 아들인데 어머니가 잉태해서 도시로 데리고 왔고 그와 함께 "숲속의 냉기"도 따라 왔으며 이것은 "죽을 때까지" 그에게 남아 있을 것이라고 노래한다.(GBA 11, 119쪽 이하) 이 전기는 처음부터 끝까지 순수한 허구이며 '아버지의 고향'인 아우크스부르크를 강하게 부인한다. 이것은 24세 청년 브레히트의 인생 프로그램이다. 그는 이렇게 선언한다. "나는 여러분이 신뢰할 수 없는 존재다." 그는 이 세상의 불확실한 진로 안에서 형식에 얽매이지 않은 채 자리를 잡고 "우리들

〈가련한 B. B.에 관해서〉

뒤에는 언급할 만한 것이 오지 않을 것임"을 아는 사람이다. 차가움의 은유는 출생을 통한 '냉기의 충격'의 노이로제적인 짐이 아니며 냉기는 분명히 '검은 숲'(이곳이 꼭 '슈바르츠발트'일 필요는 없다)에서 나오는 것이다. 이 B.B.는 숲에서 나왔으며 어머니 뱃속에서 나온 것이 아니다. 그녀는 짐을 나르는 동물일 뿐이다.

남자는 남자다

극작품. 베를린, 프로필레엔, 1927년

초연: 다름슈타트 란데스테아터와 뒤셀도르프 샤우슈필하우스, 1926년 9월 25일

〈남자는 남자다〉는 브레히트가 베를린에서 처음 선보인 극작품이다. 그는 1924년 가을부터 1926년 여름까지 이 작품을 썼다. 중간 설명에서 명시적으로 "베르톨트 브레히트 씨"로 등장하는 작가는, '사람들'은 문자 그대로 '사람들'일 뿐이고 "한 사람을 가지고 마음대로 많은 짓을" 할 수 있으며 사람은 "자동차처럼 개조할 수도 있다고 한다.(GBA, 2, 123쪽) 1925년 티베트의 어떤 사원의 탑에 숨어들어갔다가 동료를 잃은 세 명의 식민지 병사들은 마음씨 좋은 하역부인 겔리 게이를 쓸 만한 대체 인물로 생각한다. 하지만 그가 새로운 역할을 수행하기 위

해서는 사전에 그의 옛 정체성을 말살해야 된다. 이는 그럴 듯하게 보이는 총살이라는 의식적 행위를 통해서 이루어진다. 여기에서 한 인간는 극단적으로 개조되며 섬뜩한 '냉정성'을 보여 준다. 이로 인하여 브레히트는 부르주아 진영에서 공격적인 도발자라는 명성을 얻게 되었다. 비평가 베른하르트 디볼트는 브레히트가 "프리데리쿠스 왕에 의해서 궁정 시인으로 임명되었다"(Wyss, 1977, 54쪽)고 조소했다. 이 작품은 장르 분류에 따르면 "희극"인데 이 희극의 다름슈타트 초연에서 처음으로 무대 막 대신에 반 높이의 아마포 커튼을 사용함으로써 관객은 장면 전환 과정을 함께 추적할 수가 있었다. 이것은 그 후 '브레히트 커튼'이라고 불렸으며 1929년의 〈마하고니 시의 흥망성쇠〉 이후부터는 희곡 텍스트에도 지문으로 들어가게 되었다.

62쪽 참조

BERTOLT BRECHT

권투와 쇼트스토리
(〈권투선수 삼손-쾨르너의 이력서〉, 〈어퍼컷〉)

브레히트는 분명한 규칙이 있고 전문적인 관객이 보는 권투를 도전적으로 '예술'이라고 칭하며 전통적인 부르주아 예술과 대립시켰고 여러 가지로 작품에 반영했다. 〈권투선수 삼손-쾨르너의 이력서〉(1926)는 널리 읽히는 스포츠 잡지에 연재소설로 게재되었으나 미완성으로 남았다. 하지만 얼마 되지 않는 연재물은 유희적이고 풍자적인 단초를 분명히 보여 주었고 출세 가도에 오른 격투 선수의 모범적 전기가 되었을 것이다. 삼손은 사람들이 상투적으로 기대하는 거의 모든 것을 두루 경험한다. 가난한 가정에서 태어나 교육도 받지 못한 채 어릴 때부터 노동을 하지 않을 수 없었고 그리고 나서는 선원이 되어 전 세계를 떠돈다.

권투 선수 파울 삼손-쾨르너와 함께 (1927년)

그는 어두컴컴한 술집에서 기거하면서 언젠가 '은인을' 만나서 권투 경기의 승리자로 각광을 받게 되며 일약 대중사회의 스타가 된다. 모든 것이 마치 주문한 것처럼 쓰여서 어떤 것이 단순히 꾸민 것이고 어떤 것이 어느 정도 '실제'인지가 어디서도 제대로 분명히 드러나지 않는다. 삼손은 예컨대 알렉산드리아에 대해서 이야기를 하는데, 그는 거기서 배에서 내릴 수 없었지만 알렉산드리아가 그림엽서에 나오는 것과 똑같다고 장담하며 알렉산드리아의 그림엽서가 없으면 콘스탄티노플 것으로 임시변통할 수 있다고 말한다.

권투선수의 이야기인 〈어퍼컷〉(1926)과 많은 다른 쇼트 스토리에서 브레히트는 '중개적인 서술' 방식을 만들어 냈다. 제한적인 정보를 가지고 있으며 원래의 사건에는 가담하지 않는 관찰자 또는 기자(대부분의 경우 일인칭 서술자)가 자신의 시점에서 사건을 이야기하는데 그가 이야기하는 내용과 이 이야기를 듣는 사람 사이에 중개자로서 등장한다. 이럴 때 〈뮐러의 자연스러운 태도〉(1926)에서처럼 이야기 안에 허구적인 청중이 설정된다. 또는 전체 텍스트가 따옴표 안에 있는 〈사랑하는 하느님의 소포〉(1926)처럼 이것은 허구적인 청중을 상대로 하는 구두 연설로 분류된다. 이런 기법을 통해서 생겨나는 굴절이나 불확실성은 (모더니즘에서처럼 이상적으로) 현대 사회에서 소위 모사에 대한 반감을 주제화하기 위한 것이 아니라 익명화를 통해서 문화 산업에 퍼져 있는 방향 감각 상실 및 소식 검증의 어려움을 드러내기 위한 것이다.

중개적 일인칭 서술자

BERTOLT BRECHT

> 자연스럽고 소박하고 대중적인 권투 스포츠의 우두머리 원수(怨讐)는 로프에 앉아서 모자 안에다 점수를 기록하는 학자들이다.
> 베르톨트 브레히트, 〈스포츠의 불구대천의 원수들〉, GBA 21, 225쪽

바이마르 공화국 시기의 단편들은 현실을 재현하는 것인지 또는 허구를 이야기하는지 판단하기가 어렵다. 그러나 이것은 외적인 현실이 불확실하기 때문이 아니라 서술자를 (더 이상) 신뢰할 수 없기 때문이다. 브레히트는 야단법석을 떨지 않고 막스 프리쉬의 슈틸러나 귄터 그라스의 《양철북》에 나오는 오스카를 앞질러 사용한 것이다. 연구자들이 1970년대까지 그를 '알려지지 않았다'고 치부할 수 있었던 것은 그의 산문이 1965년부터 비로소 그런대로 온전히 출간되었기 때문이다. 즉, 그의 산문은 나치가 1933년 '불온서적'을 불태운 사건 이후, 다소간의 차이는 있어도, 20년 이상 사라졌었다. 그러나 브레히트가 바이마르 공화국 시대에 가장 잘 알려진 산문 작가들 중의 한 사람이었고 그의 작품이 신문이나 잡지 등 출판 부수가 많은 언론 기관에 발표되었다는 사실을 간과한 것이다. 예컨대 그는 〈짐승〉으로 1928년에 《베를린 화보 신문》 상을 받았는데 발행 부수는 거의 200만 부였다.

베르톨트 브레히트의 가정기도서

시집. 베를린, 프로필레엔, 1927년

《베르톨트 브레히트의 가정기도서》가 1927년 나오면서 베를린 시절에 쓴 서정시의 정점을 이루었는데 이는 물론 의아심을 불러일으키기도 했다. 이 시집은 1916~1925년의 시를 모은 것으로 발라드가 주종을 이루었으며 그렇기 때문에 당시 브레히트의 사회 비판적 묘사와는 더 이상 어울리지 않았다. 게다가 브레히트는 "피에 얼룩진 빈손을 들고 …… 히죽히죽 웃으며 파라다이스로 들어오는" 〈적군(赤軍)병사의 노래〉라는 반(反) 볼셰비즘적인 시를 실었다.(GBA 11, 49쪽) 공산당 계열의 비평에서는 그의 '감정의 혼란'이 '퇴폐적'이라고 비난했다.(GBA 11, 312쪽에서 인용) 그러자 그는 〈가정기도서〉가 출간되기 전에 이미 여러 번 이 시를 신문에 발표한 적이 있었음에도 불구하고 후속 판에서는 이 노래를 삭제했다. 그리고 그는 또 한 번 다음과 같은 전설을 유포시켰다. '적군'(赤軍)이란 러시아 군대가 아니라 독일 내란 때 활동하던 바이에른의 적군을 의미하는 것이라는 것이다. 이는 전혀 틀린 말이라는 것이 간단한 텍스트 검토만 하면 어렵지 않게 드러난다.(GBA 11, 314쪽) 시대착오적인 내용에도 불구하고 이 시집은 제목을 통해서 현대적인 모습을 보인다. 제목에서 브레히트는 통상적으

> 전설 44쪽 참조

로 작가라고 칭하지 않고 삼중적 의미로 이 책의 원작자, 독자 그리고 주제라고 주장한다. 그러므로 이것은 분명히 브레히트의 이름을 품질 인증 표시로 붙인 상품이다. 반어적이고 위트가 섞였는가 하면 난센스이기도 한 사용설명서인 머리말은 시의 서정적인 숭고함을 제거하고 시를 삶의 모든 상황에서 '사용'하기 위한 것이라고 규정한다. 시를 읽는 것이 위험하지 않은 것이 아니기 때문에 각 장의 마지막 시를 연구함으로써 다시 마음을 식힐 것을 강력히 권고한다. 〈유혹에 대처해서〉라는 시는 "삶이 얼마 되지 않고", "그대들은 모든 동물과 함께 죽는다/그리고 그 후엔 아무것도 오지 않는다"(GBA 11, 116쪽)라며 유혹을 받지 말라고 권한다.

> 그리고 이 책이 책장을 넘기는 독자들의 사용을 위한 것이라는 점은 분명해도 이 책은 아주 사적(私的)인 것이다. 이것은 우리 시대의 일정한 전형의 얼굴, 즉 저자와 첫 번째 사용자(브레히트)의 얼굴을 보여 준다.
> 베르톨트 브레히트, 〈가정기도서〉, GBA 21, 202쪽

이 책은 "과"(課)로 나뉘어 있고 과는 각개의 시(詩) 즉 "장"(章)으로 구성된다. 시련에는 일련번호가 붙어 있으며 브레히트는 낭독할 때 이것을 서수(序數)로 읽었다. 브레히트는 전집(예컨대 1938년 말릭 출판사의 전집)이나 서정시 선집(예컨대 아우프바우 출판사의 시 선집, 1948)을 내기 위해서 이 시집을 계속 재편집했다. 브레히트는 1956년

초여름에 새로운 전집을 위해서 마지막 개편을 했다. 그는 일부 시를 삭제하고 새 것을 채택하기도 했는데 그중에는 그의 마지막 시들 중의 하나인 〈오르게의 소망 목록〉도 있다. 이것은 니체의 《차라투스트라》 양식으로 쓰인 것으로 엄격하게 열두 열로 되어 있다. "즐거움 중에서는, 저울질하지 않은 것. / 가죽 중에서는, 벗기지 않은 것"에서부터 "삶 중에서는 밝은 것" / "죽음 중에서는 빠른 것"까지 다루고 있다.(GBA 15, 297쪽) 1927년 판본이 결정판이다.

마하고니 시의 흥망성쇠

오페라. 빈: 우니베르잘-에디치온, 1929년

초연: 라이프치히 노이에스 테아터, 1930년 3월 9일

브레히트와 바일이 1927년 말에 쓴 오페라 〈마하고니 시의 흥망성쇠〉는 허구의 아메리카에서 전개되는데, 여기서는 누가 일을 하지 않는데도 사막 한 가운데에 모래로 된 대도시가 최단시간 내에 건설되고 쾌적한 생활에 필요한 모든 것이 공급된다. 마하고니는 우선 "각 대륙에서 불만을 품은 사람들을" 모두 끌어들여서 현대적인 대도시의 대안적인 도시로 건설된다.(GBA 2, 339쪽) 하지만 일도 하지 않고 주당 7일 간의 생활을 하자니 삶이

점차 황량하며 무미건조하고 공허해진다. 이에 지미, 다시 말해서 파울은(1929년 판은 미국식 이름이다) 허리케인이 몰려오자 "너는 해도 좋다!", 즉 모든 것을 해도 좋다는 구호를 내건다.(GBA 2, 358쪽부터) 허리케인의 모습으로 등장하는 자연의 첫 번째 징후는 주위의 모든 대도시를 파괴한다. 그러나 마하고니는 멸망시키지 않는다. 자연의 제2의 현상인 인간이 '마하고니의 케이스'를 끝장낼 것이다. 이때 할 수 있는 것(폭식, 계집질, 권투, 폭음)이 일종의 레뷰처럼 연쇄적 흥행으로 공연된다. 지미는 술을 퍼마시다가 마침내 돈이 떨어지는데 이것은 마하고니에서 최악의 범죄다. 아무도 더 이상 서로 도와주지 않자 그는 사형 선고를 받고 처형된다. 지미의 처형은 시 전체의 몰락을 유발하게 되며 대대적인 피날레로 시는 온통 불타 버린다.

52쪽 참조

쿠르트 바일이 〈서푼짜리 오페라〉가 끝난 다음에야 작곡을 마친 〈마하고니〉는 브레히트와 바일의 걸작품으로, 동시대의 진지한 비평가들도 그렇게 받아들였다. 하지만 1930년의 라이프치히 초연은 바이마르 공화국 최대의 연극적 스캔들을 야기했다. 이것은 최초의 전작 형식으로 작곡된 바일의 오페라로 장르를 파괴했고 전통적인 오페라의 부분적으로 부조리한 사건진행을 무자비하게 드러냈으며 이로써 동시에 오락산업 시장을 정복

했다. 두 오페라가 오랫동안 연대적으로 잘못 배치되었으며 그릇된 텍스트를 기초로 하고 있었다는 점을 지적해 두어야 할 것이다. 〈마하고니〉는 '미국식 이름이 사용된' 초판이 정본이다.

당시의 가장 아름다운 '사랑의 시'이며 독일문학 전체에서 가장 아름다운 시 중의 하나가 〈마하고니〉의 원래 대본을 가필하는 과정에서 쓰였다. 처음에는 '사랑하는 사람들'이란 제목이었고

> 이 작품은 발전사적으로 현재의 음악극적인 창작의 절정에 서 있다.
> 한스 슈트켄슈미트, 《디 스체네》, 1930, GBA 2, 465쪽

그 후 1932년 〈사랑에 대한 삼운구법(三韻句法)〉이란 제목으로 출간되었다. 오페라에서는 지미와 창녀 제니가 사랑을 나눈 후에 사창가 앞에서 이중창으로 부른다. 이 노래는 날아가는 두루미와 흘러가는 구름의 이미지를 사용해서 완전무결한 사랑의 행복이 '아무 곳에도' 없음을 보여 주고 마침내는 듣는 사람의 환상을 철저하게 파괴한다. 이 오페라에 나오는 사랑의 장소가 이미 이런 행복은 있을 수 없음을 보여 준다. 마하고니라는 도시가 있을 수 없는 것과도 같다. "마하고니-이것은 다만 허구의 단어일 뿐이다"(GBA 2, 331쪽) 환상의 놀이가 주도할 뿐이다.

BERTOLT BRECHT

서푼짜리 오페라

오페라. 베를린, 펠릭스 블로흐 에르벤, 1928년

초연: 베를린 쉬프바우어담 극장, 1928년 8월 31일

53쪽 이하 참조 '〈서푼짜리 오페라〉/(거지 오페라)/존 게이의 영어본에 따른/음악과 서막과 8개의 장면이 있는 연극/엘리자베트 하우프트만 번역/베르트 브레히트의/독일어 번안/쿠르트 바일 음악.' 초판본의 이런 상세한 제목은 '실질적인' 작가들인 브레히트와 바일의 지분이 너무 경시되긴 했지만 저작권의 복합성을 보여 주고 있다. 브레히트가 음악에 대한 지분을 가지고 있듯이 바일도 텍스트에 대한 지분을 가지고 있기 때문이다. 이 극작품이 제목에서 분명히 오페라라는 장르 표시를 하고 있지만 음악적인 그리고 주로 노래로 부르는 부분은 삽입부에 국한된다. 이런 삽입부는 극적인 사건진행을 의도적으로 중단시키며 흔히 사건진행과 관련성이 없거나 또는 직접적인 관련성은 없다. 이는 특히 〈해적의 제니〉에서 분명해진다.

전통적인 오페라를 연상시키는 것은 오히려 통속적인 줄거리다. 맥이라고 불리는 강도 매키스는 시민적인 의식에 따라서 거지의 왕인 피첨의 딸 폴리와 결혼한다. 이로써 자신의 사업이 위협을 받게 된다고 생각한 피첨은 맥을 고발한다. 맥은 도망가는 대신에 그가 목요일이

면 규칙적으로 찾아가는 사창가 들렸다가 창녀인 제니에 의해서 배반당한다. 체포된 맥은 경찰서장인 브라운과 친구이기 때문에 감방에서 도망칠 수 있다. 그러나 그가 또다시 배반당하자 브라운도 더 이상 도울 수가 없어 맥은 교수대로 향하지 않을 수 없다. 이미 그의 목이 올가미에 걸려 있는 순간에 여왕의 사면령을 가지고 말 탄 사자가 도착한다. 그것도 부족해서 그는 귀족의 작위까지 받는다.

1928년의 초연 판본에서는 불한당의 매력을 활용하는 오페레테와 같은 극적 사건진행은 예컨대 결혼식

베를린 시프바우어담 극장에서 초연된 〈서푼짜리 오페라〉의 피날레 장면(1928년)

장면을 통해서 사회적인 구속력을 얻게 된다. 이 장면에서는 강도들이 고급 시민이 되려고 시도하는 것이 멋지게 제시된다. 그와 반대로 시민들은 그들 강도가 없이는 살 수가 없으며 거리낌 없이 그들의 불법적인 사업에 참여하는데 이것은 무엇보다도 브라운이라는 등장인물을 통해 분명해진다. 오페라 장르를 풍자하는 화해적이고 키치 같은 결말은 시민적인 사회제도를 약탈의 질서로 보여 준다. 범죄는 소득이 되고 부유함을 보장한다. "부유하게 사는 사람만이 편안히 사는 법이니라!"(GBA 2,

275쪽 이하)

바일과 브레히트는 (세계적인 성공의 비결은 여기에 있는데) 텍스트와 음악을 새로 결합하는 데 성공했다. 그런데 현대적인 무용 음악과 재즈 음악을 사용한 음악은 냉정하고 일체의 감정을 조소하는 텍스트와 대립되며 텍스트의 인공적인 파토스가 늘 음악을 통해서 유쾌하게 무력화됨으로써 그 모순성을 강조하는 것이다. 게다가 부분적으로는 대단히 수준이 높은데도 항상 경쾌하게 들리는 음악은 노래로 부를 수 있으며 동시에 텍스트는 분명히 알아들을 수가 있다. 텍스트는 문자 그대로 음악에 맞아 들어서 하나의 통일체를 이루며 이것이 사람들의 기억 속에 각인됨으로써 이 오페라가 대중적인 영향을 미치는 길을 열어주게 되었다. 물론 성공은 양면성을 띄고 있었다. 노래들은 유행가가 되어 돈을 많이 벌게 했다. 하지만 시장 법칙을 따를 수밖에 없기 때문에 사회 비판적인 풍자성을 잃고 여흥으로 오락산업에 봉사했다.

〈서푼짜리 오페라〉와 〈마하고니 시의 흥망성쇠〉는 브레히트와 바일이 서사극으로 분류한 최초의 극작품들이다. 여기서 '서사'적이라는 말은 우선적으로 무대가 '이야기를 하기' 시작한다는 뜻이다. 이로써 연극은 연극으로 제시되면서 관객에게 이를 의식시켜 주는 것이다. 극장에서는 무대 위에서의 제작 과정과 객석에서의 수용

서사극

과정이 동시적으로 진행되기 때문에 관객은 제작의 직접적인 증인이다. 그렇기 때문에 관객이 제작 방법에 대해서도 통찰을 해야 된다는 것이다. 브레히트는 〈서푼짜리 오페라〉에 나오는 결혼식 장면을 빈 마구간에서 시작하고 강도단으로 하여금 이것을 "지나치게 화려한 식당"(GBA 2, 241쪽)으로 개조하게 하며 이 과정에서 강도들은 시민으로 변신하고 시민사회의 의식을 수행하게 한다. 이어서 폴리는 결혼식장에 있는 소품을 새로이 정의함으로써 소호에 있는 싸구려 네 푼짜리 술집을 가상적으로 설정하고 노래를 부른다. 이어서 맥은 도당들과 노래의 평가 문제로 다툰다. 이렇게 해서 연극의 가장 중요한 기법들이 집중된 형식으로 한데 뭉쳐진다. 빈 무대는 일차적인 연희의 층위, 즉 강도들의 행동 층위를 나타낸다. 강도들이 무대장치를 하는 인부들 역할을 함으로써 이 무대에 두 번째 무대가 세워지는데 "식당"은 그 성격상 사람들이 그 공간에 적합한 새로운 역할을 취하도록 요구한다. 그러나 이것이 제대로 되지 않자 폴리가 끼어들어 사건 현장을 가정하고 그녀 자신은 해적의 제니로 변신한다. 마지막으로 연극은 두 번째 층위로 되돌아가는데 여기서는 폴리의 노래에 대한 비평이 가해진다. 즉, 노래는 예술 비평적으로 논의되며 성찰된다. 그 결과로 맥은 폴리의 '변장 행위'(GBA 2, 250쪽)를 통해 그가 그녀를 확실히 소유하게 되었다는 것을 믿을 수 없게 되는 상황을 체험하게 된다. 이제 막 시민사회의 관습에 따라서 그가 부인을 소유하게 되었다고 생각하는 바로 그 순간에 일어난 일이다. 이렇게 해서 관객은 거리를 둔 관찰자의 역할을 자동적으로 맡지 않을 수 없다. 세 개의 층위에서 진행된 극 중 극의 극 중 극은 마치 그것이 실제로 그렇게 진행되고 그것이 직접 생생한 것이라고 생각하게 하는 극적인 사건진행을 허용하지 않기 때문이다.

> 중요한 것은 저녁의 연극 공연이었고 텍스트는 다만 이것을 가능하도록 해주기만 하면 되었다. 공연에서 텍스트의 마모가 일어났고 그것은 불꽃놀이의 화약처럼 산화되었다!
> 베르톨트 브레히트, 〈역할의 구축〉, GBA 25, 12쪽

논리적인 귀결은 공연에 비해서 문학적 텍스트는 뒤로, 말하자면 제2선으로 물러나는 것이다. 글로 쓰인 희곡은 신성시되고 그 자체로 완결되며 자율적이고 유효한 텍스트로서의 영광을 잃게 된다. 소위 '원작에 충실한 공연'은 마침내 사라진다. 연극술은(그리고 극장에서 여기에 속하는 모든 것은) 지속적으로 변화하고 모든 작품 제작은 필연적으로 텍스트의 새로운 공연을 의미하기 때문이다. 이로써 브레히트에게는 무대의 실증이 없는 희곡은 '완성된' 것일 수가 없으며 작가 자신이 직접 연극으

로 제작하거나 또는 그가 참여한 가운데 이루어진 모든 새로운 연극 작품 제작은 새로운 텍스트의 판본을 낳게 된다. 그리하여 최종적인 결론은 텍스트는 원칙적으로 결코 '완성된' 것이 아니라는 것이다. 브레히트의 희곡 작품은 철저한 '진행 중인 작업', 변화하고 변화 가능성이 있는 작품이다.

진행 중인 작업

BERTOLT BRECHT

학습극 1928~1935년
(⟨'예'라고 말하는 사람⟩, ⟨조치⟩)

쿠르트 바일이 1927년 바덴바덴의 실내악 주간을 위해서 ⟨마하고니-노래극⟩을 공연하게 되자 브레히트도 "신음악" 포럼에 관심을 갖게 되었다. 1929년에 이 포럼은 실용음악의 기치를 내걸었다. 콘서트홀들은 대체로 시민계급의 관객으로 가득했기 때문에 바덴바덴의 축제는 아방가르드 음악에 더 큰 가능성을 제공했다. 그래서 브레히트와 바일 그리고 이 실험에 대해서 역시 적잖은 관심을 가지고 있던 파울 힌데미트는 오페라 이외에 두 개의 신작 ⟨린드버그의 비행⟩과 ⟨학습극⟩(후일 ⟨동의에 관한 바덴의 학습극⟩)을 동시에 썼다. 이중에서 두 번째 제목인 '학습극'은 새로운 장르를 가리키는 선언적인 말이 되었다. 실용음악은 아주 단순해서 아마추어들이 노래를 부를 수 있게 작곡되었고 대본은 검증된 모형에 따라서 음악과 완전히 조화를 이루어야만 했다. 그리하여 새로운 음악적 공연의 타입이 생겨났는데 이것은 관객 앞에서 공연되는 것보다는, 연기하는 사람들이 유희적인 방식으로 문제성에 중점을 둔 역할의 행태를 접하게 하고

54쪽 참조

그 작용이나 작용하지 않음을 통찰할 수 있게 하려는 것이었다. 바덴바덴에서의 공연은 1회로 그치고 말았다. 〈린드버그의 비행〉은 아주 호의적으로 받아들여진 데 비해 슈미트 씨라는 사람을 톱으로 자르는 막간극이 나오는 〈학습극〉은 사람들을 격분하게 했기 때문에 바덴바덴의 시의회는 다음 해 실내악 주간 행사를 취소했다. 브레히트와 바일은 개의치 않고 베를린에서 〈'예'라고 말하는 사람〉(1930)을 가지고 작업을 계속했다. 이것은 일본의 노오(能) 작품인 〈다니코 또는 계곡으로 던짐〉(谷行)을 엘리자베트 하우프트만이 번역한 것을 약간 가필한 것이다. 하우프트만은 웨일리의 영역본을 독일어로 번역했다. 출연자는 열두 살에서 열여섯 살 사이로 정해졌다.

〈'예'라고 말하는 사람〉

한 교사가 세 명의 학생과 산속으로의 연구 여행을 계획하는데 이 여행은 "위험한 산행"임이 분명했다. 여행 목적은 "명의"를 만나서 약과 가르침을 받아오기 위함이다.(GBA 3, 49쪽 이하) 병든 어머니를 둔 한 소년이 모든 반대를 물리치고 함께 가겠다고 나선다. 그는 "병에 동의하지 않는다"(GBA 3, 51쪽)는 말로 설득한다. 하지만 소년은 고된 여행을 감당하지 못하는데 한 사람씩 넘어야 하는 좁은 능선에 도달했을 때 아무도 그를 도와줄 수 없게 된다. 오래된 관습에 따르면 더 이상 길을 갈 수 없는 자는 다른 사람들이 계곡으로 던지게 되어 있다. 하지만 당사자가 거기에 "동의"를 해야만 한다. 소년은 거기에 동의해 계곡으로 던져진다. "그리고는 …… (친구들은) 이 세상의 슬픈 도정과/그 쓰디쓴 법칙을 한탄하고/소년을 내던진다/발에 발을 맞대고 몰려서서/……/아무도 옆 사람보다 죄를 더 짓지 않으려 한다."(GBA 3, 55쪽)

텍스트와 음악이 오해의 여지가 없이 분명히 밝히고 있는 것처럼 이 극작품의 주제는 인명 살생의 정당화가 아니라 동의이다. "무엇보다도 동의를 배우는 것이 중요하다"고 첫 번째 문장에 나오는데 올바른 것에 동의하는 것을 말한다. 이 극작품의 경우 올바른 것이란 소년이 참여하는 공동체이다. 어려운 상황에서 공동체는 그에게 책임을 요구한다. 즉, 그가 공동체로 하여금 계획을 포기하도록 요구할 수는 없다는 것이다. 이 "세상의 도정"은 슬픈 것이고 간난을 요구할 수도 있다. 바일은 이로써 "학습극이 고차원적인 의미에서, 물론 정당정치적인 것은 아니지만, 정치적으로 영향을" 미친다는 것을 강조했다.(Schebera, 140쪽) 바일은 유럽에서 쓴 작품 중에서 어떤 것이 가장 중요한가라는 질문에 대해 1935년 망명지 미국에서 주저하지 않고 〈'예'라고 말하는 사람〉이라고 대답했다. 그는 이 작품으로 그 시대에 가장 영향을 끼친 사회적 통찰을 예술적으로 형상화했다. 〈'예'라고 말하는 사람〉은 1930년 6월에 초연되어 대단한 주목을 받았으며 1933년까지 200회 이상 연극으로 제작되었다.

브레히트는 곧 바로 한스 아이슬러와 〈'예' 라고 말하는 사람〉을 "구체화"(GBA 11, 432쪽)한 〈조치〉를 가지고 작업을 계속했다. 외적인 조건은 이제 결정적으로 강화되었다. 만약 젊은 동지를 구출한다면 다른 선동가들의 목숨이 위험할 뿐만 아니라 가상적인 중국에서 이미 목전에 다가온 혁명을 방해하게 될 것이다. 그러나 구체화는 거기에 본질이 있는 것이 아니라 이론과 실천의 기동연습을 통한 새로운 중요성 결정에 있다. 젊은 동지는 여기에 동의하긴 하지만 위급한 상황에서는 무시한다. 여성 한 명이 포함된 네 명의 선동가들이 소비에트 연방을 본거지로 해서 비인간적인 착취 상황이 지배하는 중국에서 혁명을 준비하라는 것이다. 거기에는 세 단계가 필요하다. 첫 번째로 무지한 사람들은 자신들이 처한 상황을 인식해야 한다. 이것을 인식했으면 두 번째로는 계급의식을 계발해야 한다. 즉, 누가 그리고 무엇이 그들을 착취하는가를 인식하는 것이다. 계급의식이 생기면 세 번째로 실제적 투쟁의 경험이 마지막 학습으로 행해져야 한다.

〈조치〉

이 선동가들은 '순수한 이론'으로만 선동하기 때문에 결코 '실제적으로' 간섭하고 영향을 줄 수 없다는 것이 중요하다. 트랙터나 화약 등을 가지고 왔느냐는 질문에 선동가들이 여섯 번 "아니오"라고 대답하는 것을 아이슬러의 음악은 망치질하듯 머릿속에 심어준다.(GBA 3, 76쪽) 선동가들이 착취를 당하는 사람들에게 인도자로서 길을 제시하고 혁명을 어떻게 실현할 수 있는지에 대한 행동지침을 교훈을 통해서 주는 것이 중요한 게 아니기 때문이다. 중요한 것은 착취당한 사람들이 그들의 사안을 스스로 그리고 문자 그대로 '손에' 잡을 때까지 잔인한 현실의 인식을 촉진해 나가는 것이다. 선동은 이론과 실천의 기동연습을 가동시키고 촉진하기 위해서 있는 것이다.

게다가 아이슬러와 브레히트는 이론-실천-기동연습을 유희적으로 순수한 데몬스트레이션으로 설정했다. 젊은 동지는 극이 시작할 때 이미 사망했으며 네 명의 선동가들이 이 케이스를 유희적으로 재구성하고 각각 젊은 동지의 역할을 맡아본다. 젊은 동지는 정체성이 없으며 심지어 성별도 구분되지 않는다.

〈조치〉는 마르크스의 포이에르바하 테제를 미학적 유희로 번역한 것이다. 사회적 현실의 이론으로서 철학은 역사적 실천에 있어 지양하고 부정하고 보존하며 역사적

운동을 촉진하기 위해서 있는 것이다. 〈조치〉의 이면에는 마르크스의 위대한 말이 숨어 있다. 세계를 해석하는 것 즉 세계관을 세우는 것이 더 이상 "중요한 것"이 아니라 세계를 변화시키는 것과 사회적 실천에 참여하는 것이 중요하다. 하지만 이를 위해서는 이론, 즉 유물론적, 사회적 현실에 대한 지식이 필요하다. 젊은 동지가 자신의 죽음에 동의를 표한다면 그는 그것으로 어떤 교훈(이데올로기)에 굴복하는 것이 아니라 현실에 알맞게 대답하는 것이다. "오직 현실로부터만 가르침을 받아서 우리들은 / 현실을 변화시킬 수 있다."(GBA 3, 125쪽)

도살장의 성 요한나

극작품. 베를린, 펠릭스 블로흐 에르벤, 1931년

초연: 함부르크 샤우슈필하우스, 1959년 4월 30일

브레히트가 1929~1931년에 집필한 〈도살장의 성 요한나〉는 마르크스주의적이라고 잘못 평가되었고 정치적으로 너무 충격적이라고 생각되었기 때문에 극장에서 공연하는 데 어려움이 많았다. 물론 시의성은 있었지만 그것은 마르크시즘이 아니라 사회민주주의의 수정주의 비판이었다. 이로써 브레히트는 시민적 좌파의 호감을 잃고 점점 더 공산주의자라는 악평을 받게 되었다.

43쪽 그리고 60쪽 참조

BERTOLT BRECHT

> 우리 시대의 문화사에서 가장 기억할 만하지만 가장 수치스러운 특징에 속할 만한 일은 극장이 이 시대의 가장 위대하고 중요한 희곡 중의 하나를 방송 중계에 맡겨야만 했던 일일 것이다.
>
> 프리츠 발터, 〈도살장의 성 요한나〉의 라디오 방송에 대해서, 《베를린어 뵈르젠-쿠리어》, 1932년 4월 12일, GBA 3, 460쪽

구세군 단원인 작은 요한나 다크는 이 세상의 악을 근본적으로 파헤치면서 과잉생산체제로 인해 일자리를 잃은 노동자들의 더 이상 감당할 수 없는 빈곤이 어디에서 연유하는지 알아내려고 한다. 이를 위해서 그녀는 세 단계 "깊은 곳으로" 내려가며, 예컨대 어떻게 해서 한 노동자의 부인이 몇 번의 점심을 얻어먹은 까닭으로 자신의 죽은 남편을 배반하는가를 체험한다. 그녀의 남편은 가마솥에 빠져 순수한 소고기로 둔갑해서 캔 속으로 들어가 버렸던 것이었다. 요한나의 진단은 인간의 야비함과 악함이다. 그녀는 정육업계의 왕자인 몰러를 설득해 노동자들을 겉으로 도와주는 듯한 조치를 취하게 한다. 하지만 그녀는 몰러의 개선조치가 모두 그 사람 자신의 전략적인 계획에 이익이 되며 노동자의 열악한 상황을 더욱 악화시킬 뿐이라는 것을 알아차리지 못하며 정보 부족으로 알아차릴 수도 없다. 마침내 노동자들이 몰러의 계획을 뒤엎기 위해서 파업을 조직하자 요한나는 파업하는 노동자들과 협조할 용의를 보인다. 그녀는 중요한 편

지를 맡지만 그것을 전달하지 않는다. 그녀는 이제 자신도 굶주림과 추위에 시달리며 빈곤이 실제로 무엇을 의미하는지 처음으로 몸소 체험하기 때문이다. 그녀는 노동자들과는 달리 추위를 피할 수 있었기 때문에 가장 "낮은 곳"을 떠나 파업을 벌이는 노동자들을 배반하고 몰러에게 승리를 안겨 준다. 그렇지만 그녀는 폐렴에 걸려 죽게 되고 독점 자본가들에 의해서 성녀로 추앙된다. 폭력이 지배하는 곳에는 폭력만이 도움이 된다는 그녀의 통찰은 마지막 합창 "호산나" 속에 파묻히고 만다.(GBA 3, 224쪽 이하) 그런데 1929년 세계 경제공황이 일어난 다음의 정치적인 상황에서, 한편으로는 개선은 악에 도움이 될 뿐이라는 점을 지적하면서 다른 한편으로는 자본주의의 잔인하고 비인간적인 음모를 극명하게 드러내는 극작품은 더 이상 좋은 기회를 잡을 수 없었다. 1930년부터는 나치 패거리들이 공개적으로 거리에서 모습을 드러내기 시작했고 극장들은 점점 더 그들의 비위에 거슬리는 극작품의 공연을 삼갔다. 이러한 상황은 〈마하고니〉의 스캔들 이후 공연이 합의된 작품 제작을 취소한 사건들을 통해서도 알 수 있다.

쿨레 밤페

영화의 프로토콜. 프랑크푸르트 암 마인: 주어캄프, 1969년

시연: 모스크바, 1932년 5월 14일

〈쿨레 밤페〉의 촬영 작업은 1931년 베를린에서 이루어졌지만 나치의 테러 행위가 시작됨으로 인해서 외곽지역에서 진행되었다. 연출을 맡은 슬라탄 두도가 4000명 이상의 배우를 고용했는데도 말이다. 한스 아이슬러가 작곡한 〈연대감의 노래〉는 전 세계로 퍼져 나갔다. 〈쿨레 밤페〉는 아니와 프리츠의 연애담을 중심으로 한 아주 느슨하게 연결된 에피소드 영화다. 첫 번째의 에피소드는 "실업자 한 명이 더 줄어들다"라는 냉소적인 제목으로 아니의 오빠가 자살한 배경을 보여 준다. 아니의 가족은 셋집에서 내쫓겨 베를린 교외에 있는 천막촌인 쿨레 밤페로 이주하지 않을 수 없다. 아니는 프리츠와의 관계로 임신했기 때문에 그들은 결혼하기로 한다. 두 번째 에피소드의 중심은 약혼 잔치다. 약혼식은 전형적인 소시민의 먹자판과 술판으로 변질되며 프리츠와 아니의 이별과 태아의 낙태로 끝난다. 세 번째 에피소드는 노동자들의 평화로운 운동 경기를 상세하게 묘사하며 "붉은 확성기"라는 선동선전 극단의 프로그램 단면을 보여 준다. 네 번째 에피소드는 종결부로서 아니와 프리츠를 포함한 노동자 운동선수들이 전철을 타고 돌아오는 부분

이다. 여기서 과잉생산 때문에 브라질에서 커피를 소각하는 것을 놓고 시민층 및 소시민층의 승객들 사이에서 정치경제적 의견다툼이 벌어진다. 노동자들에게 이 논쟁은 세상이 마음에 들지 않는 사람들이 이 세상을 변화시켜야 된다는 결론으로 귀결된다.

제작자들이 많은 꾀를 내 검열 당국과 장기간에 걸쳐 투쟁을 하면서 상영 허가를 받은 이 영화는 영화 예술의 영원한 고전 중의 하나가 되었으며 그 당시에는 프롤레타리아 영화의 정점을 이루었다. 물론 이것은 그다지 프롤레타리아적인 것은 아니다. 브레히트가 노동자의 환경을 추근추근한 인상을 주는 소시민층으로 묘사하지 않았다면 브레히트답지 않았을 것이다. "무슨 일이 일어나면" 그냥 죽여 버리겠다고 아버지가 아니에게 위협하는 데서 이러한 묘사는 절정에 이른다. 영화는 처음의 일자리 다툼을 극명한 노동자들 간의 경쟁으로 묘사한다. 이에 현실성 없이 과장된 우호관계 속에서 진행되는 노동자 경기의 목가적인 분위기가 대조되며 사랑하는 남녀들이 풀밭에 누워 헤겔을 낭독하는 데서 정점에 이른다. 소시민

61쪽 이하 참조

〈쿨레 밤페〉 작업 중인 브레히트(아래), 한스 아이슬러(왼쪽), 슬라탄 두도(오른쪽)

이나 영화에 나오는 교양 있고 친절한 노동자들을 가지고는 혁명을 이룰 수 없을 것이다. 모스크바 초연에서 동시대의 비평은 이를 잘 파악했다.

> 이렇게 효과적인 형식으로 곤경과 참상에 맞선 투쟁에서 국가의 효용성과 도우려는 의지에 대한 관람자의 신뢰감을 모조리 추락시키는 영화는 민주공화국적인 헌법에 기초를 둔 국가의 근간을 뒤흔들어 놓는다.
> 베를린 영화검열소 회의록, 1932년 3월 31일, GBA 19, 725쪽

노래 시 합창

시집. 파리, 에디시옹 뒤 카르푸르, 1934년

68쪽 참조 망명 초기 브레히트와 아이슬러가 공동 저자인 반파시즘의 노래책 《노래 시 합창》이 악보 부록과 함께 출간되었다. 이 책은 1934년 파리의 에디시옹 뒤 카르푸르 출판사에서 나왔다. 이 선집은 참여적이며 투쟁적인 서정시로 효력을 나타내기 시작한 바이마르 공화국 시절의 시와 노래를 담고 있다. 다만 '1933'년의 장(章)과 마지막에 나오는 시사적인 독일의 시(《오, 독일, 창백한 어머니여!》)는 예외다. 이 선집은 3부와 풍자적인 부록으로 구성되어 있다. 제1부 '1918~1933'에서 공동 저자들은 바이마르 공화국을 파시즘으로 이끈 원인과 연관성을 파

헤치고 있다. 프로이센적이고 군국주의적인 전통의 연속성과 외견상으로만 민주적인 공화국 내에 계급 간 대립이 지속된다는 것이 주제이다. 제2부 "1933"은 당시 독일의 실제적인 상황으로 사상이 다른 사람들의 박해, 집단수용소의 건설, 정치적 테러 및 반(反) 파시즘 저항을 그 내용으로 다루고 있다. 바이마르 시대의 노동 운동에 대해서는 '극작품 〈조치〉와 〈어머니〉에 나오는 노래와 합창'이 제3부에서 보여 주고 있다. 이 시들은 도래하지 않은 혁명을 호소하면서 현재를 타도할 수 있는 가능성을 비밀리에 상기시키고 있다. 부록인 미국에 관한 시 〈거대한 도시 뉴욕의 실종된 명성〉은 서방의 지배적인 자본주의 강국을 내적으로 공허하고 역사적으로 시대에 뒤떨어진 것으로 낙인찍는다. '서정시인들의 노래'에서 작가는 동료 시인들은 문학을 통해서 독일에 파시즘이 자리 잡는 데 기여한 '예'라고 말하는 지성인들이며, 아첨꾼들, 즉 투이들이라고 탄핵한다. 앞서 언급한 독일의 시는 피투성이가 된 창백한 어머니로서 노파의 상에서 분열되고 공포와 조소를 동시에 퍼뜨리는 당시의 독일을 강열하게 불러내고 있다. 어머니는 손가락질을 받고 피 묻은 치마를 두르고 있다.

3,000부가 인쇄된 이 시집은 독일로 몰래 들어왔지만 얼마만큼 성과를 냈는지는 알려지지 않는다. 망명지의

독일인들 사이에서 이 책은 다양한 반향을 일으켰고 사용가치가 높은 반파시즘적인 노래책으로 호평을 받았다. 클라우스 만과 같은 비평가는 시와 정치의 효과적인 통일을 강조하면서 유용한 도구에 적합한 아름다움이 있다고 평했다. 아놀드 츠바이크는 이 책을 "독일 문학 불멸의 기념비"라고까지 호평했다.(GBA 11, 372쪽에서 인용)

서푼짜리 소설

장편소설. 암스테르담, 알러트 드 랑에, 1934년

70쪽 참조 브레히트는 《서푼짜리 소설》을 일 년 가까이 작업한 후 1934년 10월 암스테르담의 알러트 드 랑에 출판사에서 저자가 정확하게 계산하고 미학적으로 준비한 서체로 출간했다. 이 책으로, 망명으로 인하여 잃어버린 극작품 시장을 대체해야만 되었다. 이 장편소설은 브레히트가 〈서푼짜리 오페라〉의 영화화를 위해서 진행했던 작업이다. 〈서푼짜리 오페라〉의 강도들은 사업가로 전업해서 장물거래, 사기, 공갈, 살인 등의 부정한 일을 일삼는다. 1902년 수많은 범죄소설에 등장하는 허구적인 런던에서 벌어지는 사건 진행은 더 이상 오페라와는 관련이 없다. 물론 상당히 확대된 연애담은 여전히 기본적 특징으로 작용한다. 그러나 브레히트가 록펠러, 밴더빌트 그리고 아스토어 등 미국 재벌가의 출세에 관한 독서를 통해 자극을 받아 쓴 사업적인 사건 진행은 완전히 새로운 것이고 아주 복합적으로 구성되어어서 개별적으로는 일일이 설명할 수가 없다. 중요한 것은 오직 그 결과이다. 맥은 수단과 방법을 가리지 않고 경쟁자를 물리쳐서 은행을 인수하고 마침내 강력하고 시장 지배적인 신디케이트를 성공적으로 운영한다. 끝에 가서야 만나게 되는 피첨과 매키스는 화해하고 폴리와의 결혼 생활도 행복해진다. 이에 비해서 다리를 절단한 병사인 퓨쿰베이는 맥을 대신해 교수대로 가지 않을 수 없는데 그의 운명이 사건진행의 틀을 이룬다.

장편소설의 주인공은 목재상 베케트로 소개되는데 그의 출신은 불분명하다. 그래서 소설 전편에 걸쳐 뚱뚱하고 부스럼이 난 무 머리를 가진 그가 단지 매키스인 체하는 것인지 또는 실제로 그 사람인지가 밝혀지지 않는다. 피첨도 익명으로 소개된 다음에 성격이 없는 인물로 드러난다. 그의 외모는 단지 "그의 제안이며, 언제든 취소될 수 있는 구속력 없는 제안"(GBA 16, 273쪽)일 뿐이다. 브레히트는 전지적 서술자를 내세워 시종일관 영화적인 외모 관찰을 한다. 서술자는 등장인물들을 아주 다양한 관점에서 관찰하고 그들이 전혀 할 수 없는 고찰이나 성찰을 하도록 한다. 또는 의식적으로 사정에 정통하지 못하다거나 무지하다고 주장하게 한다. 이것은 예컨대 서사적인 흐름을 중단시키는 비교적 긴 묘사를 통해 등장인물들을 소개하는 토마스 만과는 다른 기법이다. 이런 토마스 만의 성격묘사는 등장인물들에게 구속력이 있다. 이에 비해 브레히트에게서는 사업의 상황에 따라서 바뀌는 자세만 있을 뿐이어서 인물들을 파악할 수 없게 한다. 서술자는 당시 갱단 영화의 인물 묘사를 따르는데 여기에 나오는 인물은 확고함, 냉혹함 그리고 외견상의 무관심, 즉 "무표정한 얼굴"로 특징을 나타낸다. 또 다른 영화 기법은 저속 촬영, 페이드인, 오버 랩, 반복, 사업소설이나 범죄소설 그리고 연애소설이나 키치소설의 장르 혼합, 쇼트 변경, 커트로 이어지는 몽타주, 신문 기사나 히틀러의 연설 인용하기 등이다. 그 외에 제스처나 사물에 일정한 해석을 부여하는 여러 가지 줌이 사용된다. 이 해석은 독자가 인식해야 한다. 소설 전체는 우월감을 과시하고 거리를 둔 어조로 진행되기 때문에 서술자가 얼마나 진심으로 하는 이야기인지 또는 그렇지 않은지 결코 분명해지지 않는다.

영화 기법

이로써 브레히트는 〈서푼짜리 소송〉의 시론(詩論)적인 부분에서 요구한, 필수적인 "문학 창작의 기술화"(GBA 21, 464쪽)를 《서푼짜리 소설》에서 실천하고 있다. 즉, 문학은 영화가 그때그때의 기술적 수준에서 할 수 있는 것

> 채플린이 그의 영화 〈어깨 총〉에서 맥주 배가 나온 바이에른 사람들 다섯 명을 포위했다고 주장하듯이 브레히트도 자신이 혈혈단신 나치 독일을 포위했다고 말할 수 있을 것이다.
>
> 카이 프리스 뮐러, 《엑스트라블라데트》(코펜하겐),
> 1934년 4월 20일, GBA 11, 373쪽에서 인용

을 언어적인 수단을 가지고 할 수 있어야 한다는 것이다. 브레히트가 보기에는 시대에 알맞은 문학은 오직 이렇게 해서 쓰일 수 있는데, 이는 물론 모든 장르와 연극에도 해당된다. 《서푼짜리 소설》은 학계의 무지에도 불구하고 수십만 부가 발행되었고 여러 외국어로 번역되어 독자층을 확보했다. 이 소설이 극작품에서 유래한 것임에도 불구하고 브레히트가 완전히 독자적인 사실주의적 풍자 소설을 썼다는 것을 동시대의 독자들은 알아본 것이다. 이 대작은 경제와 정치의 부패를 재기 넘치게 파헤치고 이로써 직접적인 시대적 연관성을 구축하고 있다.

카라 부인의 총

극작품. 런던, 말릭, 1937년

초연: 파리 잘레 아디아르, 1937년 10월 16일

1937년 프랑스의 반파시즘 운동을 지원하기 위한 위촉

74쪽 그리고 196쪽 참조

작품으로 쓰인 희곡 〈카라 부인의 총〉을 통해 브레히트는 스페인 내전(1936~1938)에 대해 이야기했다. 여기서 프랑코(브레히트의 작품에서는 장군들)는 합법적인 인민전선 정부를 무자비하게 공격했으며 나치는 스페인 도시에 대한 테러적인 공습을 감행해 이를 적극적으로 지원했다. 피카소의 그림으로 기록된 게르니카의 파괴는 1937년 4월에 이루어졌다.

어부의 아내인 카라 부인은 내란 중 전투에서 남편을 잃었고 이를 통해 평화주의를 철두철미하게 신봉해야 한다고 생각한다. 그녀는 자기가 소장하고 있는 총을 내달라는 아들의 계속되는 청을 거부하는데 마침내는 평화롭게 고기잡이하던 아들이 파시스트들에 의해 "쓸려 버리게" 된다. 그녀는 결국 숨겨 두었던 총을 꺼내 들고 직접 전투에 가담한다.

이 극작품은 거의 전편에 걸쳐서 아리스토텔레스적이기 때문에 특이하다. 공연시간과 공연된 시간은 일치하고 (시작할 때 난로에 집어넣는 밀가루 반죽은 끝날 때 전투원의 여행용 식량으로 구어진다) 한 가닥의 사건진행은 온전히 주인공에 집중되어 있으며 장소는 카라 부인의 작은 방이다. 처음에 카라 부인은 완강한 거부 자세를 보이지만 아들이 죽은 다음에는 다감하게 풀어진다. 전쟁에 적극적으로 참가하려는 그녀의 결의는 수용자의 동정심에 기대를 건다. 이를 통해서 수용자들은 이런 적을 상대할 때 피동적으로 불간섭하는 태도는 자기 자신을 몰락으로 이어간다는 확신을 얻어야 한다는 것이다. 이 극작품에서 전형적으로 브레히트적인 것은 작은 극 중 극 장면과 유물화의 특징을 보이는 언어의 구성이다. 처음에 카라 부인은 파시스트들의 전투적인 언어를 (완전히 투이적으로) 단순한 위협적 몸짓으로만 보지만 그것은 장군들이 실제로 계획하고 있는 것을 폭로하고 있다. "천민들을 쓸어 버리겠다"(GBA 4, 309쪽)는 그들의 위협은 그녀의 고기 잡는 아들을 무감각하게 총살하는 데서 실현된다.

갈릴레이의 생애

극작품, 프랑크푸르트 암 마인, 베를린, 바이마르, 주어캄프, 아우프바우, 1988년 (덴마크 판본)

초연: 취리히 샤우슈필하우스, 1943년 9월 9일 (덴마크 판본)

덴마크의 망명지에서 브레히트는 그가 차후로 평생 다루게 될 것이며 그의 가장 유명한 극작품들 중의 하나가 될 극작품을 썼는데 제1판은 〈지구는 돈다〉라는 제목으로 1938년 11월 완성했다. 이 극작품은 1939년 봄에 가필한 후 〈갈릴레이의 생애〉라는 제목으로 나왔다. 브레

93쪽 이하 그리고 198쪽 참조

히트는 그동안 스웨덴으로 떠나갔다. 독일에 어두운 밤이 다가오고 있다는 것을 브레히트가 관찰한 것이 작품 집필의 계기가 되었다. 독일의 지성인들, 누구보다도 학자들이 히틀러의 거대한 전쟁 준비를 어떻게 생각하는가 하는 것이 문제였다. 덴마크 판본은 꾀가 많지만 겁이 많은 과학자를 중심에 두었다. 그는 주저인 〈대화〉를 비밀리에 집필하고 외국에 전파하기 위해서 학설을 철회한다. 플롯은 전폭적으로 물리학자의 역사적인 이력을 따르고 있다. 갈릴레이는 베니스 공화국에서 두려움 없이 그의 천문학을 연구할 수 있지만 경제적인 어려움 때문에 플로렌스로 이주한다. 여기서 그는 돈을 많이 벌지만 가톨릭교회의 종교재판에 직면한다. 그는 연구를 통해 새로운 발견을 하게 되지만 종교재판소에 소환되어 고문의 위협을 받고는 자신의 발견을 철회하고 마침내는 종교재판소의 죄수로서 별장에 갇힌 채 은밀하게 연구를 계속한다. 옛 제자인 안드레아가 나타나서 〈대화〉를 넘겨받아 몰래 국경을 넘어간다는 결말은 브레히트의 자유로운 창안이다.

학설을 철회한 덕분에 갈릴레이는 연구를 계속할 수 있지만 새로운 학문은 근본적으로 신용을 잃게 된다. 당대 최고의 과학적 권위자가 공개적으로 자신의 학설을 허위라고 선언했기 때문이다. 갈릴레이의 학설 철회를 관용하는 듯이 보이는 제1판에서도 이런 모순이 미해결로 남는다. 브레히트는 이런 모순을 갈릴레이가 전하는 '에게 씨와 폭력'(후일, 〈코이너 씨와 폭력〉)이라는 이야기에서 독립적으로 주제화한다. 자유주의적 사상을 가진 철학자 에게 씨의 집에 어느 날 폭력 기관의 요원이 찾아와서 집을 점령하고는 자기에게 봉사하겠냐고 에게 씨에게 묻는다. 에게 씨는 요원이 죽을 때까지 보살펴 준 다음에 "아니오"라고 대답한다. 안드레아는 "그 이야기는 제 마음에 들지 않습니다, 갈릴레이 선생님"(GBA 5, 73쪽)이라고 말하는데 이는 저항적인 "아니오"가 에게 씨의 사실적인 봉사를 지양할 수 없음을 표현한다. 사실적인 복종이 어쩌면 언어적인 거부보다 더 위험한 결과를 가져올 수 있다는 것이다. 극작품에서도 이런 모순은 지양되지 못하며 이런 양가성으로 인하여 이 판본은 1945~1947년과 1955~1956년의 수정본에 비해 역사적

> 귀하는 갈릴레이의 인격뿐만 아니라 정신사의 발전에 있어서 그리고 그와 함께 전체 역사 속에서 그의 현상이 갖는 의미를 깊이 파악하신 것으로 보입니다. …… 귀하는 현재의 정치적인 문제와의 강한 관련성으로 인하여 우리들의 관심을 끌지 않을 수 없는 아주 매혹적인 희곡적 틀을 창조하실 수 있었습니다.
> 알버트 아인슈타인이 브레히트에게 보낸 편지, 1939년 5월 4일, 2004년 9월 15일자 《프랑크푸르터 알게마이네 차이퉁》에서 인용

인 소재를 가장 설득력 있게 서술했다고 평가된다. 마지막 판은 미국 판본인 〈갈릴레오〉의 재번역본이다.

스벤보르의 시

시집. 코펜하겐, 말릭, 1939년

78쪽 이하 참조 〈스벤보르의 시〉는 1937년 〈망명지의 시〉로 쓰였으며 말릭 출판사의 첫 전집에 포함될 예정이었다. 프라하의 망명 출판사가 뮌헨 협정이 조인된 후에 폐쇄되자 루트 베를라우가 코펜하겐에서 편집을 맡았으며 새로운 제목을 택했다. 1939년 출간된 이 시집은 6부로 되어 있다. 홀수 부의 제목은 '독일의 전쟁교본'(1936년 선집의 재판), '연대기' 그리고 '독일의 풍자'이다. 짝수 부의 제목은 해당 로마 숫자로만 매겨져 있다. II부는 독일의 시대착오적인 상황을 주제화하고 저항을 호소하는 노래와 어린이 노래 모음이다. IV부는 국민에게 다가올 독재의 결과를 다양한 측면에서 언급한다. 그리고 VI부에는 망명시가 종합되어 있다. 그중에 〈후손들에게〉라는 시가 있는데 나치의 야만이 끝난 다음 더욱더 친절한 세계를 건설할 가능성을 가진 이들에게 호소하는 시이다.

'연대기'에 가장 유명한 시들이 실려 있다. 이 시들은 고대에서 동시대에 이르기까지 착취와 억압의 예를 들고 "위대한 10월", 즉 러시아 혁명에 대한 전망으로 끝난다. 말하자면 이 장(章)의 첫 부분에 사용설명서로 〈독서하는 노동자의 질문〉이 나온다. 이 노동자는 역사책에 나오는 자기의 역할에 대해서 묻지만 아무런 역할이 없다는 대답을 얻는다. 승리자가 역사를 쓰며 민중은 지금까지 결코 승리자인 적이 없었다.

브레히트의 모든 시집에서와 마찬가지로 〈스벤보르의 시〉에서도 개별 텍스트를 느슨하게 모아 놓은 것이 아니다. 각각의 시는 독자성을 가지고 있지만 전체적인 상에 통합되며 망명 및 시대사적인 상황을 역사적 연관성속에서 보여 준다. 망명 상황의 제약이 미친 직접적인 영향에 관해서는 별로 알려진 바가 없다. 몇 편의 시는 〈달력 이야기〉에 편입되어 그 중요성이 강조되고 있다.

억척어멈과 그의 자식들

극작품, 바젤, 연극출판사 쿠르트 라이스, 1941년

초연: 취리히 샤우슈필하우스, 1941년 4월 19일

브레히트는 자신의 예견 능력을 입증하기 위해서 〈억척어멈과 그의 자식들〉을 제2차 세계대전 발발 이전에 썼다고 주장했지만 이 극작품은 덴마크가 아니라 1939년 가을 스웨덴에서 쓰인 것이 거의 확실하다. 주인공인 억

BERTOLT BRECHT

척어멈은 각각 다른 남자들과의 사이에서 태어난 카트린, 아일립 그리고 슈바이처카스의 세 자녀가 있다. 그녀는 이들을 데리고 30년 종교전쟁 중(1624~1636년) 종군주보(從軍酒保)의 주인으로 한몫을 보기 위해서 전쟁터를 누비고 다닌다. 극작품의 초두에서 마차를 끌던 백마의 죽음이 언급된다. 부제목이 "연대기"라고 되어 있는 이 작품은 억척어멈이 자녀들을 차례로 잃게 되는 과정을 저속촬영으로 보여 준다. 그녀는 주로 장사만을 생각하며 결정적인 순간에 관여하지 않거나 또는 돈이 아까워서 관여하려하지 않으려고 한다. 태어나면서부터 벙어리인 카트린은 아기를 갖기를 간절히 원하지만 폭행을 당해 남은 얼굴의 흉터 때문에 더 이상 매력이 없다. 그 대신그녀는 북소리를 울려서 할레 시의 어린이들을 기습으로부터 구하지만 병정들에 의해 총살된다. 그래도 깨닫지 못하고 억척어멈은 아일립(그는 평화시에 영웅적 행위를 했기 때문에 처형되었다)을 만날 수 있으리라는 헛된 믿음을 가지고 혼자 마차 끈을 둘러메고 아직도 끝나

억척어멈 역의 헬레네 바이겔(1949년)

려면 요원한 전쟁을 뒤쫓아 간다.

〈억척어멈〉은 사회주의적 리얼리즘의 교조가 요구하는 대로 '긍정적인 주인공', 즉 모범을 형상화하기를 거부한 브레히트 작품의 한 예다. 이 극작품이 관객에게서 거둔 대단한 성과에도 불구하고 동독 사회주의적 리얼리즘의 대표자들은 주인공 억척어멈의 통찰이 결여되었음을 즉각적으로 비난했다. 그런데 억척어멈의 뛰어난 언변과 그녀의 행동 사이의 모순이 극작품의 중심이다. 그녀는 전쟁 당사국들의 허위를 파헤치거나 말로써 사람들의 기를 죽이지만 이득이 점점 줄어드는데도 맹목적으로 이윤 추구에만 몰두한다. 브레히트가 "돌이 말하기 시작한다"라는 은유를 선택하여 카트린의 저항적인 행위를 언어적으로 표현함으로써(GBA 6, 79쪽) 억척어멈의 약은 체하는 언변은 단순하고 무익한 잡담으로 평가된다. 이것이 브레히트의 언어 예술이다. 이 극작품은 서사극의 표본으로 통한다. 그 선례 중의 하나인 그리멜하우젠의 장편소설 〈부랑녀 쿠라셰〉처럼 각 장면 앞에는 짤막한 내용 설명이 나온다. 이것은 보통 '브레히트 커튼'에 투사되어서 관객으로 하여금 비판적으로 관찰하게 유도하는 것이다. 파울 데사우가 1946년 작곡한 열 개의 노래는 사건진행을 중단하고 해설한다. 더 나아가서 행진곡이 삽입되고 짤막한 서막과 대규모의 피날

96쪽 참조

> 〈억척어멈〉은 왜 리얼리즘 작품인가? 이 작품은 민중을 위해서 이데올로기에 대하여 리얼리즘적인 입장을 취한다. 전쟁은 모든 민족들에게 파멸이며 그 외는 아무 것도 아니다. 정신적인 고양도 아니고 사업도 아니다.
>
> 베르톨트 브레히트, 〈일지〉, 1941년 4월 22일, GBA 26, 476쪽에서 인용

레가 음악적으로 제시된다. 억척어멈이 힘겹게 포장마차를 끌고 회전무대 위를 돈다. 억척어멈은 일종의 연출가로서 때로는 역할의 놀이를 연출한다. 예컨대 첫 번째 장면에서 그녀는 자녀들에게 일정한 역할을 지정해 주며 시민사회에서 익숙해진 생물학적인 혈통상 특징의 불합리성을 입증한다. 여기에는 나치의 피와 땅의 이데올로기에 대한 비판이 숨어 있다. 특히 언어적 재치를 통해 일상적인 관용구를 해체하고 폭로한다. 예컨대 억척어멈은 군목에게 불평을 늘어놓는다. "지금 막 물건을 새로 사들였는데 평화가 발발했다고 말하지 마시오."(GBA 6, 62쪽)

사천의 선인

극작품, 서베를린, 주어캄프, 1953년

초연: 취리히 샤우슈필하우스, 1943년 2월 4일

84쪽, 96쪽 그리고 198쪽 참조

브레히트는 〈억척어멈〉의 스웨덴 공연을 기대하는 동안에 분명히 서랍에 넣어두기 위해서 〈사천의 선인〉을 썼다. 즉, 그는 이 극작품을 쓰면서 작품의 길이뿐만이 아

니라 서사적 기법에서도 "양보"(GBA 26, 332쪽)할 필요가 없었다. 그는 극장에서 검증되지 않은 극작품은 완성될 수 없다는 것을 잘 알고 있었다. 이 작품의 착상은 바이마르 공화국 시대까지 거슬러 올라간다. 브레히트는 〈파니 크레스〉 또는 〈창녀들의 유일한 친구〉(1927~1928)를 계획했었고 후일 〈상품으로서의 사랑〉(1930)으로 제목을 바꿨다. 그는 이 계획을 덴마크 망명 중 다시 착수했지만 주로 작업한 것은 1940년 5~8월 핀란드에서였다. 세 명의 신이 하늘에서의 결의를 점검하기 위해서 사천(四川)으로 온다. "인간적인 품위를 지키는 삶을 살 수 있는 선한 사람들이 충분히 있다면 이 세상은 현재 그대로"(GBA 6, 179쪽) 존립할 수 있다는 것이다. 그들은 거처할 곳을 찾지 못해 창녀 쉔테의 작은 방에서 숙박하지 않을 수 없었는데 그녀에게 돈을 주어 담배 가게를 살 수 있도록 한다. 그녀는 착한 성격 탓에 금방 파산 지경에 이르게 된다. 그녀는 슈이타라는 이름을 가진 사촌을 만들어 내 철저하게 이익만을 생각하며 생활한다. 실제로 쉔테는 사촌이라고 하는 사람의 가면을 쓰고 나타나서 그녀의 선함 때문에 몰려든 식객들을 쫓아 버린다. 그러던 중 쉔테는 비행사 순을 사랑하게 되는데 그는 베이징에서 비행사 일자리를 구하기 위한 돈을 마련할 수 없어 자살하려던 참이었다. 쉔테는 그를 도우려고 하지만 그는 그녀를 속인다. 그래서 손해를 보전하기 위해서 점점 더 많은 슈이타가 등장해야만 한다. 순과의 관계로 임신했다는 것을 안 쉔테는 슈이타의 역할에서 맹수로 변한다. 원래 쉔테에게 갈 금전적인 선물을 무자비하게 이용하면서 슈이타는 단기간 내에 담배 왕으로 부상하고 잔인한 방법으로 노동자들을 몰아댄다. 마침내 그는 쉔테를 살해했다는 혐의로 고발된다. 재판을 받게 된 슈이타는 자기가 쉔테라고 폭로한다. 세 신들은 그녀가 바로 그들이 찾고 있던 선한 사람이라고 하고는 때때로 악한 사촌을 데려와도 좋다고 허락한다. 그리고 이 세상은 있는 그대로 존립할 수 있다고 선언하고 나서 구름을 타고 하늘로 도망친다. "쉔테는 그들을 향해서 절망적으로 팔을 벌린다."(GBA 6, 278쪽) 발문에서 좋은 결론을 찾아내는 것은 관객의 몫이라고 밝히고 있다.

> 저희들도 실망하고 몹시 당황하고 있습니다.
> 막은 닫히고 모든 문제는 열려 있습니다.
> 베르톨트 브레히트, 〈사천의 선인〉, GBA 6, 278쪽

극중극 이 극작품의 토대는 전통적인 남장여인역으로, 여자가 남자 역을 하는 것을 관객은 분명히 안다. 즉, 관객은 처음부터 내막을 아는 상황에서 내막을 모르는 등장인물들의 반응을 관찰한다. 무대 위에서는 신들 역시 관찰자로 있기 때문에 전체적인 사건진행은 극 중 극으로 드러난다. 극 중 극 안에서 추가로 남장여인역의 연극이 연

출된다. 연극은 연극으로 제시되며 등장인물들은 역할의 담당자로 나타난다. 그러므로 흔히 선(여자)과 악(남자)의 대립이라는 고정적 해석은 성립될 수 없다. 오히려 이렇게 봐야 한다. 극 중 극은 여자가 남자의 역할을 배워서 마침내는 극 중에 나오는 남자들보다 더 잘 해내야 된다는 것을 보여 준다. 이것은 마음에 내키지 않지만 결국 이루어진다. 원래 쉔테는 선을 행하려고 하기 때문이다. 하지만 남자(슈이타)의 역할은 사회적으로 주어진 것이다. 즉, 그것은 사천의 가부장적이고 여성을 억압하며 잔인한 자본주의적 사회의 상황에 걸맞는 것이다. 순이 주장하는 사랑도 사기일 뿐이다. 그는 여인에게서 관대하고 '연약한' 본성을 보았기 때문에 여인을 통해 모든 것을 다 이루더라도 그녀를 고려할 필요가 없다고 생각한다. 쉔테에게 그 결말은 가공스런 것이다. 들통이 난 남장여인역은 더 이상 연기할 수가 없으며 임신한 여인으로서 쉔테는 옛날 직업을 다시 가질 수조차 없다. 그렇게 속임을 당한 사회가 자비심을 갖지 않으리라는 사실은 제쳐두고라도 말이다. 앞으로도 슈이타를 불러와도 된다는 신들의 허락은 하나의 악의적인 소극(笑劇)일 뿐이다. 이로써 이들은 야만적이고 선을 위해서는 치명적인 세계 질서를 정당화시키는 것이다.

BERTOLT BRECHT

푼틸라 씨와 그의 하인 마티

극작품, 서베를린, 주어캄프, 1950년

초연: 취리히 샤우슈필하우스, 1948년 6월 5일

84쪽 그리고 120쪽 참조

희극 〈푼틸라 씨와 그의 하인 마티〉는 1940년 핀란드 작가 헬라 부올리요키의 농장 말레백에서 쓰였다. 브레히트는 그녀의 희극 작품인 〈톱밥 공주〉를 못 알아볼 정도로 번안했다. 부올리요키는 브레히트의 텍스트를 읽고 깜짝 놀랐다. 이 작품을 가지고 이들은 두 사람 이름으로 현상 응모를 할 예정이었다. 그러나 그것은 무위로 끝났다.

사건은 동시대적인 현재의 푼틸라 농장에서 진행되지만 그곳은 봉건적인 분위기가 지배하는 곳이다. 주인은 머슴들을 자기 마음 내키는 대로 다루었다. 푼틸라가 술집에 들르면 운전기사 마티는 경우에 따라 수일간을 기다려야 한다. 푼틸라는 술에 취하면 박애주의적이고 사이좋은 척하지만 정신이 맑아지면 "노골적으로 제정신을 잃어서" "모든 짓을 다 할 수 있는"(GBA 6, 289쪽) 인간이 된다. 즉, 그는 하인들에게 위험한 존재가 된다. 이 극작품의 하이라이트는 푼틸라의 딸 에바와 참사관의 약혼식이다. 하지만 참사관의 어리석음이 술 취한 푼틸라를 도발하며 푼틸라는 그를 집 밖으로 내쫓는다. 그는 손님들이 보는 앞에서 마티가 에바의 남편감으로 적당하다고 한다. 마티는 에바가 운전기사의 부인으로서 적합한지 여부를 가리기 위해(반은 놀이이고 반은 진심으로) 혼인 시험을 치르는데 그녀는 물론 불합격이다. 그러자 마티는 용기를 북돋아 주기 위해 그녀의 엉덩이를 두들겨 준다. 이로써 이전의 신분적인 차이가 회복된다. 그 후 푼틸라는 난동을 부리면서 다른 손님들을 쫓아 버리고 다음날 숙취 상태에서 양심의 가책을 느낀다. 그는 집에 있는 술을 모두 없애 버리기로 결정한다. 그런데 술병을 모조리 깨뜨리는 것이 아니라 다 마셔서 없애기로 한다. 다음날 아침 다시 술이 깨면 발작이 일어날 것임으로 마티는 푼틸라에게 봉변을 당하기 전에 농장을 떠난다. 이 민중극은 소유관계의 변화 없이는 부자와 가난한 사람 간의 조화가 가능하지 않음을 보여 준다.

〈푼틸라 씨와 그의 하인 마티〉 중 레온하르트 슈테켈, 에르빈 게쇼네크(베를린 앙상블)

아르투로 우이의 출세

극작품, 베를린/구동독, 진 운트 포름, 1957년

BERTOLT BRECHT

75쪽과 84쪽 참조

초연: 슈투트가르트 뷔르템베르크 주립극장, 1958년 11월 10일

미국 입국을 위한 입장권으로 브레히트는 "역사적인 대규모 갱단원의 쇼"(GBA 7, 9쪽)인 〈아르투로 우이의 출세〉를 썼다. 주인공은 타락한 투이로서 정신을 높이 평가하지만 잔인하게 반정신(反精神)의 광기를 부린다. 원래 제목은 〈아르투로 우이의 저지할 수 있는 출세〉였는데 브레히트는 "저지할 수 있는"이란 부가어를 전후에 원고에서 삭제했다. 그의 출세가 마지막 쓰라린 결말에 이르기까지 '저지할 수 없음'이 입증되었기 때문이다.

이 극작품은 갱단 두목 우이의 삶을 풍자적으로 이야기하고 있는데 그 플롯과 세부 사항을 브레히트는 미국 갱단의 세계에서 따왔다. 과잉생산으로 경제가 위기에 빠지자 판매루트가 새로 조정되어야 한다. 이를 위해서 사업가들은 새로운 판매 시장(여기서는 꽃양배추 사업이 다뤄진다)을 개척할 갱들을 필요로 한다. 갱 단원들은 상점 주인들에게 보호를 명목으로 꽃양배추의 대량 구매를 요구한다. 일종의 보호세인 셈이다. 이 극작품은 갱 단원들이 부패한 경제와 범죄의 밀착을 통해서 점점 더 세력을 확장하고 마침내 정치도 손아귀에 넣어 공개적으로 폭력을 휘두르며 구역을 하나하나 자신들의 영향권 안에 '통합'하는 과정을 통해서 우이의 출세를 보여 준다.

브레히트는 극작품에 설정된 히틀러와의 관련성을 알

카포네의 전기에서 따왔다. 카포네의 가장 중요한 파트너 중의 한 사람인 오배니언(극작품에서는 지볼라)은 괴벨스처럼 안짱다리다. 자신의 인격을 고상하게 만들기 위해서 카포네는 히틀러처럼 연극 수업을 받았다. 갱단을 따르지 않으려는 가게는 제국의회 의사당 방화 사건에서처럼 불타 버렸다. 적어도 공개적으로는 범죄에 가담하지 않으려고 하는 '점잖은 정치가들'은 힌덴부르크처럼 '증여'를 해서 매수했다. 제일 친한 친구들은 '악수 살인'의 모형(한 사람이 희생자와 악수를 하고 그가 방어할 수 없는 틈을 타서 다른 사람이 그를 총살한다)에 따라서 룀의 제거처럼 기습(1929년 성 발렌타인 데이의 학살)을 통해서 암살되었다. 시카고가 마침내 갱단의 손아귀에 완전히 들어간 다음 주변 도시인 시세로가 오스트리아처럼 통합된다. 그래서 전국이(말하자면 세계가) 정복된다. 이런 것들과 다른 유사성들을 들어서 브레히트는 독일에서 나치가 출세한 것은 경제적 상황의 산물이며 장사는 다른 수단을 사용한 전쟁임을 미학적으로 보여 준다. 이

> 75쪽 참조

> 〈우이〉에서는 한편으로는 지속적으로 역사적인 사건들이 비쳐 들게 하는 것이 중요했고 다른 한편으로는 '은폐'(이것은 또한 폭로인데)에 독자적 생명을 주는 것이 중요했다. 즉, 은폐는 (이론적으로 보면) 비꼬는 말이 없이도 작용을 해야 된다.
> 베르톨트 브레히트, 〈일지〉, 1941년 4월 1일, GBA 26, 469쪽

전쟁은 역사가 보여 주듯이 항상 공개적이고 무자비한 전투로 변화될 수 있었다.

장엄한 양식(이 극작품은 시종일관 자유로운 5각 약강격 무운시로 쓰였는데)은 정치 갱 단원들이 대단한 범죄자가 아니라 웃음거리가 되어야 할 "대단한 정치적 범죄의 범행자"(GBA 24, 316쪽 이하)라는 것을 제시한다. 채플린이 그의 영화 〈위대한 독재자〉로 그랬던 것처럼 브레히트도 정당화될 수 없는 방법으로 히틀러라는 현상을 대수롭지 않게 다루고 있다는 비난을 받았다. 하지만 히틀러에 관한 모든 진지한 묘사는 그를 위대한 범죄자로 그려 내고 이로써 뜻하지 않게 그를 위대한 인물들의 반열에 올려놓는다는 것을 입증하고 있다.

코카서스의 백묵원

극작품, 베를린, 진 운트 포름, 1949년

초연: 노스필드/미네소타의 카를톤-컬리지, 1948년 5월 4일

〈아우크스부르크의 백묵원〉 184쪽 참조

1944년 3월과 4월 사이에 〈코카서스의 백묵원〉 제1판이 쓰였는데 이 극작품은 두 개의 이야기를 담고 있다. 하녀 그루쉐와 그녀의 아이에 관한 이야기와 마을 서기 아츠닥에 관한 이야기다. 그는 기갑부대 병사들의 일시적인 기분 덕분에 판사로 선임되며 우연히 그루쉐와 관

련된 사건을 재판하게 된다. 1~3막은 하녀에 관한 이야기인데 반란을 일으킨 군인들이 총독의 궁전을 습격한 후 그녀는 어린 아이와 홀로 남게 된다. 총독은 살해되고 어머니인 총독 부인은 젖먹이를 내버리고 도망쳤다. 이 어린애를 홀로 내버려 두면 죽게 될 것이 분명하기 때문에 그루쉐는 마음에 내키지는 않지만 젖먹이를 데리고 피신한다. 그녀는 어린아이를 찾는 기갑부대 병사들의 추격을 받으면서 산악 지역에 사는 오빠에게로 간다. 그녀가 오빠에게 진실을 이야기하자 그는 어린아이가 그녀의 아이라고 말하라고 하면서 죽을 병이 든 남자와 결혼하도록 주선한다. 어린애의 아버지가 있어야 되기 때문이다. 전쟁이 끝나자 남편은 꾀병을 앓았던 것이 드러나며 남편으로서의 권리를 요구한다. 그루쉐는 보호하고 있는 아이를 위해서 이에 따르며 어린애를 여러 해 기르다가 기갑부대 병사들에게 빼앗긴다. 생모는 신분상의 권리를 되찾기 위해서 그 어린애를 자기 아이라고 주장하고 그루쉐도 그 어린애가 자기의 아이라고 하기 때문에 이 사건은 재

〈코카서스의 백묵원〉 공연 중인 에른스트 부슈와 앙겔리카 후르비츠(베를린 앙상블)

판에 회부된다.

아츠닥은 유혈 사태가 난 다음 교수대에서 희생될 뻔했다. 그런데 기갑부대의 병사들이 "언제나 판사는 사기꾼이었으니 이제는 사기꾼이 판사가 되어야 한다"(GBA 8, 69쪽)고 하면서 그를 판사로 추대했다. 그는 각종 뇌물을 다 받으면서 예기치 않았던 직책을 수행하지만 어린아이에 관련된 사건을 즉시 꿰뚫어 본다. 어린애에 관한 다툼이 통상적인 방법으로는 조정될 수 없기 때문에 그는 마지막으로 백묵원 재판을 명한다. 사랑의 강도는 육체적인 힘에 걸맞은 것이라며 그는 어린애를 백묵원 안에 세워놓고 두 여인이 각각 한 팔씩 잡고 동시에 당기라고 한다. 어린아이는 단숨에 생모 쪽으로 당겨 왔는데 생모가 힘이 더 세서가 아니라 그루쉐가 팔을 놓았기 때문이다. 반복해도 결과는 마찬가지다. 하지만 아츠닥은 어린애가 그루쉐에게 귀속된다고 판결하고 어린애를 갈기갈기 찢어 놓을 뻔한 생모를 쫓아 버린다. 그는 곁들여서 그루쉐의 이혼도 허락해 그루쉐가 약혼자인 시몬과 결합할 수 있는 길을 열어 준다. 그는 자기가 대변해야 할 법을 위반했음을 잘 안다.

〈백묵원〉은 브레히트의 가장 시적인 극작품인데 가수가 자유형

> 클라이스트와 뷔히너 이후로 브레히트의 언어는 독일 무대에서 필적할 만한 것을 찾지 못한다.
> 발터 마리아 구겐하이머, 〈노이에 루르-차이퉁〉, 1955년 6월 16일, GBA 8, 477쪽

시구로 '옛날 옛적 유혈이 낭자했던 시절'에 일어났던 일을 일종의 살인가요로 부른다. 파울 데사우가 1953년에 작곡했다. 그러니까 그루쉐의 이야기뿐만 아니라 아츠닥의 이야기도 삽화가 있는 노래-이야기이며 극 중 극의 형식으로 서막으로부터 발전되어 간다. 서막은 히틀러의 군대로부터 해방된 코카서스에서 진행되며 장차 계곡의 이용 문제를 놓고 벌어지는 분쟁을 해결하는 이야기다. 분쟁을 조정하기 위해서 가수는 이 두 편의 이야기를 노래한다. 이 이야기들은 유혈이 낭자했던 옛날에 거의 믿을 수 없을 정도의 우연으로만 가능했던 일, 즉, 친절한 두 사람이 만나서 "단기간이었지만 정의로웠던 황금기가"(GBA 8, 91쪽) 가능했음을 보여 주고 있다. 미학적인 허구로 그려지는 믿을 수 없을 정도로 행복한 결말은 나치 독일의 패배가 있은 다음에는 현실에서도 더 가능성을 띠게 되었다.

달력이야기

산문집, 베를린, 게브뤼더 바이스, 1949년

1949년에 뮌헨의 데쉬 출판사에서 나온 《서푼짜리 소설》 이외에 브레히트는 《달력이야기》를 가지고 전후 독일에서 귀국 인사를 했다. 이것은 8편의 쇼트스토리와

시, 39편의 〈코이너 씨의 이야기〉를 실은 독특한 선집이었다. 이런 제목을 가지고 브레히트는 나치에 의해서 완전히 훼손돼 버린 것처럼 보이는 민중적 전통의 대열에 끼어들었다. 그것은 그가 의도한 바였다. 나치가 훼손한 모든 것은 주제화되어 정리되어야만 했다. 사회주의적 리얼리즘에서처럼 마치 그동안 아무 일도 없었다는 듯이 전해 내려오는 고전적 선례를 무비판적으로 따라서는 안 되었다. 브레히트는 소시민을 주인공으로 선택함으로써 민중성 개념을 피와 땅의 이데올로기에서 해방시키고자 했다. 주인공들이 비록 카이사르, 베이컨, 소크라테스 등 역사적 인물들이었지만 그들이 더 이상 권력을 쥐고 있지 않을 때의 이야기가 다뤄진다.

> 180쪽 '코카서스의 백묵원' 이하 참조

쇼트스토리와 시는 상호 보완적으로 배치되었다. 희곡 〈코카서스의 백묵원〉처럼 모성의 승리를 주제로 하는 〈아우크스부르크의 백묵원〉에 나오는 아나 이야기 다음에는 〈유대인 창녀 마리 잔더스의 발라드〉가 따른다. 창녀 마리 잔더스는 잘못 선택한 남자와 동침해서 형장으로 끌려가기 때문에 모성이 될 수가 없다. 이렇게 해서 이루어진 여덟 쌍의 마지막 부분은 〈품위 없는 노파〉와 〈도덕경의 생성에 관한 전설〉이 이룬다. 그 다음에는 〈코이너 씨의 이야기〉가 뒤따르는데 이것은 바로크 시대의 경구라는 장르를 헤겔의 변증법을 적용하여 혁신한 것이

> 〈코이너 씨의 이야기〉

다. 1929년부터 브레히트가 사망할 때까지 산발적으로 쓰였고 여러 가지 선집에 실린 이 이야기들은 예외 없이 짧으며 대화체로 되어 있고 언제나 읽는 사람으로 하여금 명상과 발상의 전환을 하게 하는 예상외의 요점으로 끝난다. 그러므로 K. 씨는 지금 무슨 일을 하느냐는 질문을 받고 이렇게 대답한다. "나는 수고를 많이 합니다. 나는 나의 다음 오류를 준비하고 있습니다."(GBA, 18, 451쪽) 요점은 수고와 그 결과인 오류 사이의 모순에 있다. 이것은 어떤 이득을 가져다 주지 못하는 것 같지만 인식의 변증법을 지시하고 있다. 인식은 결코 절대적일 수 없으며 확정적일 수 없고 항상 임시적이며 언제나 회의의 대상이 되어야 한다.

'코이너'라는 주인공의 이름은 아우크스부르크 방언 "카이너"(아무도 아닌 사람)를 음차한 표기인 동시에 '코이네'는 희랍어로 공동체이며 모든 사

> 이것은 인도주의적인 이야기들로서 제가 생각하기에는 교훈적입니다.
> 베르톨트 브레히트가 빌리 브레델에게 〈달력 이야기〉의 출간 가능성에 대해서 문의하는 편지, 1952년 11월 3일, GBA 30, 147쪽

람에 관계되는 것이란 뜻이다. 이에 따라서 코이너는 추상적인 인물, 즉 일종의 사고와 회의의 화신이며 습관적인 것과 오래된 확신에 의문을 던지는 변증가이다. 수많은 선집의 형태로 나온 〈코이너 씨의 이야기〉는 세계문학에서 가장 많이 보급된 쇼트스토리에 속한다. 《달력이

BERTOLT BRECHT

야기〉는 독일어판 선집으로만 100만 부 이상이 발행되었고 〈재회〉와 같은 이야기들은 수백만 부에 달한다.

베를린 앙상블에서의 연극 작업

브레히트의 전후 작업의 중심은 연극 실무 작업이었으며 베를린 앙상블(BE)를 중심으로 집단적으로 실행되었다. 브레히트가 이론의 여지없이 지도자이자 조직자이긴 했지만 소재의 발굴과 텍스트 저술은 점점 더 다른 사람들에게 위임되었다. 페터 팔리취, 베라 스쿠핀, 클라우스 퀴헨마이스터, 만프레드 베크베르트 그리고 베노 베손과 같은 대체로 젊은 협조자들에게 그는 지켜야만 하는 기준에 관한 자신의 견해를 전하고 이들로 하여금 스스로 책임을 지도록 했다. 베를린 앙상블의 작업은 극작품과 작품 제작의 콘셉트에 관해서 관련자들과 상세하게 대화하고 간결한 연습 작업을 하는 것이 특징이었다. 브레히트는 연출을 하지 않으면 연습에 지속적으로 참여해서 영향력을 발휘했다. 그렇기 때문에 그의 지휘 아래 이루어진 마지막의 희곡 두 편 〈몰리에르의 돈 주앙〉(1952)과 〈팀파니와 트럼펫〉(조지 파쿼 원작에 따름, 1953~1954)에 그는 자신을 저자로 표시하지 않았고 이 작품들은 "베를린 앙상블의 번안으로"라는 부가문을 달

베를린 앙상블의 창단
100쪽 이하 참조

있다.(GBA 9, 199, 259쪽 참조)

그는 연극 작업을 통해서 독일의 연극적 풍토를 재건할 뿐만 아니라 독일의 문화적 상황에 대해 입장을 표명하려고 했다. 제2차 세계대전 후 동쪽 지역, 즉 1949년에 수립된 동독의 새로운 지도부는 자신들을 나치 독일에 대한 승리자라고 생각했는데 그는 이와 반대로 치욕스런 패배는 모든 독일 사람들에게 해당된다는 입장을 고수했다. "물론 히틀러와 함께 승리하지 못한 우리들 모두는 그와 함께 패배한 것이다"라고 그는 1945년 8월 〈일지〉에 썼다.(GBA 27, 228쪽) 자칭 승리자들이 혁명이라고 치켜세운 것, 즉 소련의 보호 하에 독일 땅에서 노동자 및 농민의 국가를 세운 것은 브레히트가 보기에는 "독일 역사의 비참성"의 지속일 뿐이었다. 프리드리히 엥겔스는 혁명이 일어나지 않았거나 좌절된 독일 역사의 진행 과정을 이 개념으로 요약하려고 시도했다. 그러므로 동독 국가가 새로 건국된 바로 그 시점에 브레히트가 야콥 미하엘 라인홀트 렌츠의 〈가정교사〉(1949~1950)를 번안하기 시작한 것은 특기할 만한 일이다. 이런 선택은 문화 관료의 공허한 고전작가 숭배에 힘입은 것이 아니라 무엇보다도 세계사에서 가장 대규모였던 살육전이 끝난 다음에 다시금 혁명도 아닌 혁명을 주장하는 사실에 힘입은 것이다.

〈가정교사〉

〈가정교사〉 소재는 로이퍼라는 비(非)영웅에 대한 이야기를 하고 있는데, 가정교사인 그는 자기에게 맡겨진 구스트헨을 임신시키고 나서 거세를 통해 자기의 성욕을 억제하려고 시도한다. 물론 이런 조치는 이미 렌츠에게서도 절대적인 성공을 거두지는 못한다. 로이퍼는 (이것이 사실적이든 또는 그렇지 않든 간에) '암내를 내며'* 반드시 결혼을 하려고 하기 때문이다. 브레히트는 이 소재를 사용해서 칸트의 〈풍속의 형이상학〉에 나오는 혼인의 정의에 대해 풍자한다. 칸트에 의하면 결혼은 "일생 동안 성기를 상호간에 사용하는 데에" 본질이 있다.(§25) 물론 그 전에 혼인을 통해서 인간 전체가 '취득'된 다음에야 가능한 일이다. 로이퍼와 극작품의 끝에 가서야 만나는 장래의 부인 리제는 전제 조건을 충족하기는 하지만 혼인을 하기 위한 재산이 없다. 아마도 앞으로 위험한 냉전의 일부가 될 전후의 양독 관계를 더 냉소적으로 파악할 수는 없을 것이다. 특별한 종류의 섹스와 의상이 등장하는 희극인 〈팀파니와 트럼펫〉도 '명예의 전장'에서의 전투를 부부 침대 속의 전투와 대비시킨다. 베노 베손이 연출한 이 극작품은 베를린 앙상블 최대 성공작 중의 하나였지만 학계에서는 별로 주목하지 않았다.

* 로이퍼라는 이름은 '암내를 내는 사람'이라는 뜻을 암시하는 이름임

BERTOLT BRECHT

브레히트는 시간과 힘이 닿는 대로 문학적인 후계자들을 돌봤다. 가장 좋은 예는 에르빈 슈트리트마터인데 브레히트는 1952년 〈카츠그라벤〉이란 극작품을 통해 그를 발굴해 냈다. 히틀러 군대에서 탈영한 그는 각종 직업을 전전하다가 40세가 되어서야 자신의 텍스트를 베를린 앙상블에 제출했다. 브레히트는 베를린 앙상블에 적합하다고 생각될 때까지 이 극작품을 자필로 개작했는데 마침내 텍스트의 반 이상이 그의 것이 되고 말았다. 1953년 브레히트는 이 작품을 무대에 올려서 성공했다. 그의 텍스트 가필 작업은 변안한 원고에서 확인할 수 있다.

베를린 앙상블의 연극 작업은 브레히트가 말년에 한 창작의 중심이었다. 그는 〈갈릴레이의 생애〉를 연습하던 중에 사망했다.

영향
Wirkung

브레히트와 독일 분단

비록 무엇 때문에 세상이 몰락한다 하더라도 '지키겠다는' 소신이나 허망한 말뿐인 견해를 신뢰하지 않기 때문에 확고하게 어떤 것에 자기 입장을 고정하지 않고 변화와 변화 가능성을 지지하는 사람들이 있다. 그런데 이들은 그런 불확실성을 감내할 수 없는 사람들에 의해서 서랍 속에 넣어져 일정하게 분류된다. 브레히트는 이미 1923년부터 "마르크스주의자"라는 딱지가 붙었는데 오늘날까지도 여전하다. 동독에서는 그가 사망한 후 그를 "사회주의적 리얼리즘"의 교조로 독점해 버린 것이 그 대표적인 예다. 동독은 그가 사망한 후 더 이상 거절할 수 없게 되자 그를 민족작가로까지 승격시켰는데 그런 민족은 그에게는 아예 존재하지도 않았다. 브레히트는 사망할 때까지 언제나 전 독일적으로 생각했기 때문이다.

> 독일이 언젠가 통일된다면 (누구나 그것이 오리라는 것은 알지만 아무도 언제 올지는 모른다) 전쟁을 통해서는 아닐 것이다.
> 베르톨트 브레히트, 〈독일을 위한 전망〉, GBA 23, 416쪽

97쪽 이하 참조	그가 동베를린에 거주하면서 일했고 (그가 전 세계적인 업무 관계를 맺었으며 국제적으로 편성되어 동독의 원칙에 고정시키기 어려웠던 앙상블에서 일했다는 사실은 대부분 간과되었다) 동독 지도부가 그를 자기들의 작가로 독점하려고 했기 때문에 독일의 분단은 그의 명성에 영향을 주었다. 아데나워 수상 치하에서 반공을 내세운 독일연방은 작가가 살고 있는 사회 체제와 작가를 동일시하지 않을 수 없었다. 그래서 동독에 대한 반감이 브레히트에게로 돌아갔다.
	두 개의 독일 국가가 설립된 후 처음 12년간 독일연방의 우파 신문은 브레히트에 대해 세 번에 걸쳐서 본격적인 전투를 펼쳤다. 이는 1953년 6월 17일 베를린 봉기, 1956년의 헝가리 봉기 그리고 1961년의 베를린 장벽 설치와 관련된 것이었다. 그것도 문예란에서가 아니라 신문의 1면 정치면에서였다. 그를 법치국가의 기반을 허물고 공산주의적 변혁을 호소하는 극작품들을 쓴 위험천만한 삼류 작가라고 비방했다. 그가 무대를 볼셰비즘의 선전에 오용하고 있기 때문에 자유민주주의 국가에서는 그의 작품이 더 이상 공연되어서는 안 된다는 것이었다.
"브레히트의 혁명" 108쪽 참조	이런 반브레히트 캠페인은 대단히 격렬하게 전개되었음에도 불구하고 결국엔 성과를 거두지 못했다. 그 이유는 브레히트가(그의 작곡가들도 잊어서는 안 될 것이다) 이미 오래 전에 국제적으로 알려져 있었으며 연극, 음악, 노래,

춤 등 실연(實演)하는 예술가들은 일찌감치 작품의 질을 알았기 때문이었다. 뿐만 아니라 일반 관객도 브레히트 편에 섰다. 그의 작품이 공연되면 그의 새롭고 아방가르드적인 연극은 지속적인 관심의 대상이 되었다. 그리고 그의 책은 수십만 부가 팔렸다.

1950년대 말에는 독일연방의 브레히트 수용에서 결정적인 전환점이 생기기 시작했다. 그를 더 이상 죽일 수 없었기 때문에 다시 집으로 데려오지 않을 수 없었던 것이다. 텍스트 내재적인 해석이 유행하던 시기에 작품은 미학적으로 순수하고 도덕적으로 인간 보편적인 핵심으로 축소되기만 하면 자율적이고 그 자체로 완결된 예술작품의 보물 상자에 담아 둘 수 있었다. 괴테에서 전기적인 것을 다루듯이 정치적인 관련성은 순전히 피상적인 데 머무르고 중요한 것은 그것을 순수한 예술작품으로 승화시키는 것이었다. 브레히트의 작품에는 성서적인 암시가 충분히 많이 나오기 때문에 이것을 모든 역사성과 정치에서 정화하기 위해서는 기독교적인 모형에 맞추기만 하면 되었다. 그래서 〈마리 A.에 대한 회상〉이라는 시에서 마리 A.는 여성적 원형, 즉 성모 마리아의 화신이라고 해석될 수 있었다. 이로써 브레히트는 시민적인 고전주의 작가로 승격되었다. 그리고 그에 합당한 해석을 붙여서 학교 교과서에 등장하는 작가의 서품을 받을 수 있었다. 동독에서는 그가 사망한 후 엄선된 텍스트를 통해 그의 텍스트가 학교 수업에서 자리를 잡은 지가 오래되었다. 예컨대 〈카라 부인의 총〉 같은 희곡의 경우 군비확장을 정당화시켜 줄 뿐만 아니라 서사극에 속하지도 않는 것이었다. 브레히트의 작품은 1960년대에 독일연방에서도 학교 교과서에 들어가게 되었다.

> 고전적인 것을 파렴치한 방식으로까지 그렇게나 많이 패러디한 브레히트는 고전작가가 되었다.
> 막스 프리쉬, 《벨트보헤》, 1955년 7월 1일, GBA 8, 477쪽

이성의 고전작가

1965년 이후 유고가 정리되어 논설문이 출간되면서 그는 마침내 "이성의 고전작가"로 성인의 반열에 오르게 된다. 그의 표현이 공산주의적인 고전작가들의 문장보다 다루기 편하고 덜 경직되었으며 논설문 자체가 짧고 인상적이기 때문에 이것을 가지고 쉽게 마르크스주의적인 철학 교과를 만들 수 있다고 생각했다. 브레히트에게서는 (동시에 재발견되었다가 오늘날은 다시 잊혀진 카를 코르쉬와 대비해서) 비판적인 리얼리즘을 발견하였는데 이것은 '참여하는' 표현에서 동시에 참여하는 행동을 보장하며 경직된 독일연방의 상황을 춤추게 하기에 알맞은 듯이 보였다. 실제로 소위 68년의 학생운동이 진행되는 동안에는 국가 기관의 과잉 반응으로 인하여 커다란 목소리로 대중을 향해서 던지는 잘 표현된 구호가 국가의 근간을 뒤흔들어 놓기에 충분한 것 같이 보였다. 하지만 저

68년 학생운동 세대의 상징적 인물

항운동이 국가를 공고히 할 뿐이고 동시에 행동분자들의 일부를 범죄자나 불법자로 만들었다는 것은 더욱 환멸을 주는 일이었다. 이런 사태의 발전에는 희생양이 필요했기 때문에 브레히트는 그릇된 교사이며 이데올로기 제공자로 폭로되고 탄핵되었다.

1978년에 헬무트 카라섹은 《슈피겔》에 "브레히트는 죽었다"고 선포해 갈채를 받았다. 그동안 교사, 대학 교수 또는 작가가 된 옛 68년 운동권 출신들은 브레히트에게서 완전히 손을 뗄 수는 없었다. 브레히트의 작품을 가지고 농담을 하거나(예컨대 브레히트의 이름 "베르트"에 "배어"(곰)가 숨어 있다면서 갖가지 연상을 해냈다) 심심치 않게 원론적인 글을 퍼뜨려서 이제 브레히트는 정말 끝장이라는 것을 확인하려고 했다. 그러나 1989년 전환기 이후에도 브레히트가 끝장나지 않았고 오늘날까지도 상황은 변하지 않았다. 달라진 것은 동독 지역에서는 그의 작품을 해석하는 데 있어서 정통적인 정치적 경향으로 다시 되돌아간 것이다. 이로써 점점 더 서독화해 가는 것에 비판적으로 대응하고 브레히트의 진정한 '신앙', 즉 마르크스와는 전혀 아무런 상관도 없는 내면성의 (새로운) 마르크스주의를 읽어낼 수 있을 것이라는 생각에서이다.

수십 년 전부터 브레히트는 이제 더 이상 공연되지 않는

BERTOLT BRECHT

> 브레히트는 자신이 원하든 원하지 않든 선전원에 대항하는 선전원이 되었다. 그리고는 즉시 새로운 참호에 빠졌다. 냉전의 참호에. 브레히트의 극작품들은 연극적인 의미와 의도된 정치적 의미를 넘어서 딱지가 앉아가는 서독의 복고주의에 대항하는 폭파 효과를 갖게 되었다.
>
> 헬무트 카라섹, 1960년대의 브레히트의 정치화에 대해서,
> Karasek, 1978, 119쪽

공연 및 판매 숫자 다고 계속해서 이야기되고 있지만 공연과 관련된 숫자는 반대의 사실을 말해 주고 있다. 브레히트가 지성인들에 의해서 죽음이 선포된 1970년대에 독일에서는 12000회의 공연으로 셰익스피어와 함께 홀로 외롭게 정상을 차지하고 있다. 비교를 해보자. 괴테와 실러는 각각 5000회, 뒤렌마트는 4000회, 하이너 뮐러는 458회 공연되었다. 또 외국인 작가와 비교해 보면 입센 5000회, 포 1174회, 핀터 1831회의 순서다.(《테아터 호이테》, 1980, 74쪽 참조) 외국에서는 최근 브레히트 극작품이 500회 이상 공연된 것으로 기록되었다. 오늘날까지 300만 부가 팔린 《억척어멈과 그의 자식들》, 약 290만 부가 팔린 《갈릴레이의 생애》 그리고 280만 부가 팔린 《사천의 선인》 등이 가장 성공한 단행본 출간물이다.

《베르톨트 브레히트 해설부 신전집》
(《(브레히트) 신전집》으로 약칭, GBA)

브레히트가 동독에서 사회주의적인 민족작가로 모셔지긴 했지만 완결된 작품집은 없었다. 베를린의 아우프바우 출판사는 브레히트가 주어캄프 출판사에서 1953년에 출간을 시작한 후 1968년까지 총 40권이 나온 작품집을 1978년까지 부정기적인 라이선스 판으로 출간했다. 그래서 새 책이 나오면 이전의 것은 이미 오래전에 잊힌 것이 되어 버렸다. 이 과정에서 아우프바우 출판사는 주어캄프 출판사 간행본의 오류를 정정하거나 또는 새로운 텍스트를 끼워 넣을 수도 있었는데 이렇게 해서 결과적으로 내용이 다른 동일한 판본이 나오게 되었다. 1967년 주어캄프 출판사에서 20권짜리 포켓판 작품집(엘리자베트 하우프트만이 간행인으로 베르톨트 브레히트 기록보관소(BBA)와 협조하여)이 나와서 약 14만부가 팔렸으며 서독에서 브레히트를 예상외로 유명하게 만들었다. 그런데 이 작품집은 최종본의 원칙을 따랐다. 즉, 피상속인의 마지막 의사가 결정적이었다. 하우프트만은 브레히트가 1953년에 편집한 《초기 극작품》의 선례에 따라서 이 원칙을 엄격히 적용했기 때문에 어떤 작품들은 그 미학적 특성을 더 이상 알아볼 수가 없있고 다른 작품들은 후일의 변형된 텍스트를 제시하기도 했다. 더군다나 텍스트가 생성 일자 순으로 정리되어 전혀 존재하지도 않았던 관련성까지 만들어지기도 했다. 또는 1924년부터 브레히트의 집단 창작 작업에 참여한 하우프트만이 텍스트 쓰기를 '완성한다'든지 또는 전해오는 것과는 다른 식으로 의미 있게 '새로 정리하는' 권한을 부여받았다고 생각할 수 있었을 것이다. 따라서 브레히트의 작품은 마치 "생성 중의 작품"이 아니고 '고전 작품'이라고 암시하는 방식으로 제시되었고 그렇게 수용되었다. 그러나 브레히트는 기회가 있을 때마다 작품을 수정했고 이로써 변화 가능성을 주창했다.

> 이번의 공동 사업은 대담한 모험이다. '이 모든 것이 그렇게 간단하지 않다.' 하지만 우리의 희망은 크고 모든 관련자의 참여가 열성적이다. 아마도 가장 대담한 해결책이 최상의 것일지도 모른다.
> 《신전집》(GBA)에 대해서 엘마르 파버와 지그프리트 운젤트,
> 〈베르톨트 브레히트의 작품〉, 1985, 2쪽

1983년 주어캄프 출판사의 사장 지그프리트 운젤트는 브레히트의 구속력 있는 새 작품집을 내려는 계획을 했다. 작품이 생성된 시기에 통용되었던 식으로 제시한다는 방침을 확정했다. 그러니까 초판본에 따라서 편집을

동서독 간의 협력 사업

하되 동시에 상이한 작업 단계에 따라서 이것이 어떻게 개작되었는지를 기록하기로 했다. 그리고 생성, 전래, 브레히트 생전의 영향, 출처 및 사실 관련성들을 가능한 한 해석 없이 기록한다는 원칙을 세웠다.

아우프바우 출판사 사장인 엘마르 파버가 이 계획을 듣고는 운젤트와 함께 동서독 협력 안을 관철시켰는데 1985년 당시에는 아직 불가능하다고 생각되었다. 하필이면 독일 분단을 대표하는 작가의 전집이 동독과 서독에서 동시에 동일한 텍스트로 간행된다는 것이 문제였다. 작업 기술상으로는 동서 협력이 필요했다. 브레히트는 자기 작품의 판권을 서독 출판사에게 주었지만 유고를 동베를린의 근무지에 남겨 두었기 때문이다. 한스 붕에와 헤르타 람트훈이 장시간의 사전작업을 하지 않았다면 베르톨트 브레히트 기록보관소의 엄청난 자료는 전혀 이용할 수가 없었을 것이다. 두 출판사는 동등한 비율로 구성된 간행위원회를 소집하고 당시로서는 최고의 수준이라고 할 만한 작업 조건을 조성했다. 신문에서는 "문화정책적인 센세이션"(《프랑크푸르터 알게마이네 차이퉁》) 또는 "세기의 사업"(《노이에 취리히 차이퉁》)이라고 평했다.

《신전집》의 첫 번째 세 권은 1988년에 나왔고 1989년 말에는 거의 열 권이 간행되었다. 그러나 동독 작업팀

이 보충되지 않고 해체되었기 때문에 전환기에는 사업이 정체되었다. 브레히트 탄생 100주년이었던 1998년에는 그동안 32권으로 불어난 전집이 서간문을 끝으로 완결될 수 있었다. 2000년에는 권수 계산에는 들어가지 않는 색인집이 나왔는데 여기에 보충과 정오표도 실려 있다. 텍스트 자료의 선택에서 발생한 몇 개 되지 않는 잘못된 결정에도 불구하고 《신전집》은 이제 결정판으로 자리를 잡고 이전에 나온 모든 간행본을 대체하게 되었다.

《신선집》에 대한 비평

《신전집》의 수용은 물론 모순적이고 학계에서는 별반 인지하지 않거나 또는 전혀 무시하기도 한다. 그 이유는 다양한데 때로는 이런 주장도 제기된다. 《신전집》은 예컨대 〈작업일지〉(이 제목은 헬레네 바이겔이 붙인 것이다)를 변형시켜서 독창적인 브레히트의 작품을 변조했다는 것이다. 그 이유는 저자의 소문자 사용을 정상적인 철자법으로 고쳤기 때문이다. 하지만 브레히트의 모든 텍스트는 간행하기 전에 저자 자신이나 또는 공동 작업자들에 의해서 유효한 맞춤법에 따라서 수정된 것도 사실이다.

이런 부류의 또 다른 예는 소위 〈투이-복합체〉이다. 이것은 브레히트 연구에서 즐겨 인용되지만 하우프트만의 구조물이기 때문에 《신전집》에 수록될 수 없었다. 〈가정기도서〉도 여전히 1927년 판본과는 별로 상관이 없는 1956년의 간행본이 읽히고 있다.

게다가 《신전집》에서 여섯 권으로까지 불어난 논설문의 편집이 지금까지 외견상 분명하고 개관하기 쉽던 이론가 또는 심지어 철학자 브레히트의 이미지를 강하게 의문시하고 있는 것이다. 이전의 간행본에서는 주제별로 배열되었던 논설문은 이제 연대순으로 배열되었다. 브레히트는 거의 모든 주제에 대해서 글을 썼다. 그래서 끊임없는 '혼란'이 일어난다. 이것은 사실상의 전래에 부합되는 것이고 브레히트가 이론가로서 조직적으로 글을 쓰지 않았다는 것을 반영하고 있다. 여기 나오는 논설문들은 주로 작업 메모나 대부분 짧은 서평 또는 당시 논의되었던 미학적 문제에 대한 입장 표명 등이다. 어디서고 일관된 이론이 성립되지는 않는다.

이로써 《신전집》은 '마르크스주의자' 브레히트의 조작된 이미지를 근본적으로 반박하는 것이다. 브레히트는 그의 세계관을 지침으로 해서 작품을 썼다는 것이었다. 마르크스가 때때로 나오긴 하지만 마르크스주의는 극도로 부수적인 것이다. 이에 비해서 각종 견해, 의견 그리고 세계관에 반대하는 브레히트의 논쟁이 주도적이기 때문에 여기에서 지속적이고 유쾌한 풍자를 이끌어낼 수 있을 것이다. 그러면 이것은 브레히트의 작품을 이론적인 이념의 변형이며 실현이라고 주장하는 모든 해석자들을 반박하는 것이 될 것이다.

BERTOLT BRECHT

기관과 학회

국제브레히트학회 전 세계적인 브레히트 연구에 있어 미국 위스콘신주 매디슨에 있는 국제브레히트학회를 일종의 상부조직체로 볼 수 있다. 이 학회는 1968년 뉴욕에서 결의되었고 1970년 공식적으로 설립되었다. 국제적인 차원에서 교육적인 임무를 띠고 이윤추구의 의사 없이 "브레히트의 제한 없는 연구"를 하는 것이 그 목표다. 1971년 이후 이 학회는 거의 정기적으로 매년 여러 출판사에서 학회지를 발행한다. 이전에는 논문과 서평집이었고 오늘날은 단행본 분량의 주제별 논문집이 주가 된다. 그 외에도 이 학회는 소책자 형식의 《커뮤니케이션즈》를 여러 가지 언어로 발행하는데, 전 세계적으로 브레히트에 관한 중요한 모든 데이터, 소논문, 서평, 비평 및 연속 참고문헌 목록을 담은 일종의 뉴스 잡지다.

베를린의 베르톨트 브레히트 기록보관소 동독의 브레히트 센터는 1978년에 설립되었고 베를린의 쇼세가 125번지의 건물에 자리를 잡았다. 이것은 브레히트가 베를린에서 마지막으로 살던 저택이다. 그가 사망한 직후인 1956년 이미 여기에 베르톨트 브레히트

> 그는 예컨대 요하네스 R. 베혀와 같은 의미의 정치가는 결코 아니었다. 어쨌든 우리가 브레히트에게서 경탄하고 존경하는 것은 일차적으로 예술이지 정치는 아니다. 누구나 전쟁에 반대하는 참여의 극작품을 쓸 수 있겠지만 그것이 〈억척어멈〉이 될 수는 없다. 이것이 차이점이다.
>
> 에릭 벤틀리(그는 미국에서 브레히트를 소개한 가장 중요한 인사들 중의 한 사람이며 국제브레히트학회의 창립 회원이다), 〈Die Kehrseite der Münze〉, 9쪽에서 인용

기록보관소(BBA)가 설치되었으며 여기엔 도서실과 몇 개의 작업실이 있다. 옛 거주자들의 거실 및 침실 그리고 부엌으로 이루어진 박물관, 1950년대의 베를린 앙상블의 소도구와 카스파 네어의 무대장치 모델로 실내 장식이 된 지하 식당 그리고 브레히트 센터의 사무실이 있다. 매년 브레히트 탄생일을 맞아 다양한 주제를 내건 소위 국제 브레히트 주간이 열렸다. 1978년부터 1990년까지 브레히트 센터는 (대개 정기적으로 연 6회) 《노타테》라는 알림 및 정보 잡지를 간행했는데 비교적 짧은 연구논문도 실었다. 1992년부터 브레히트 센터는 문학 포럼으로 브레히트의 집에서 계속 운영된다. 그리고 현재 국제 브레히트 주간이 다시 매년 개최된다. '모더니즘 작가' 브레히트가 중심이 되는 문학 포럼은 상당한 연간 프로그램을 운영하며 동시대의 문학과 예술 그리고 사회적 콘셉트에 대한 공개적인 담론을 위한 토론장을 제

공하고 있다.

베르톨트 브레히트 연구소

《신전집》을 간행하면서 1989년에 카를스루에 대학에는 베르톨트 브레히트 연구소(ABB)가 설립되었다. 이 연구소는 전집의 여덟 권을 간행했고 거기에 필요한 자료를 수집했는데 현재는 450권의 대형서적 분량이 모였다. 이 연구소에서는 다섯 권짜리 새 《브레히트 편람》(2000~2003)을 펴냈다. 이것은 《신전집》 및 거기에 나오는 해설을 기초로 해서 쓰인 250편 이상의 개별 논문에서 브레히트의 모든 논설문 및 실무 작업을 고려한 전 작품을 다루고 있다. 이 논문들은 오랫동안 이념적으로 왜곡되어 알아볼 수 없게 된 브레히트의 작품을 완전히 새로 해석하는 것이다. 그래서 이런 개별 논문 전체는 브레히트 연구의 종결이 아니라 새로운 출발을 이루는 것이다.

아우크스부르크 브레히트 연구소

《브레히트 편람》 작업으로 브레히트 연구소는 아우크스부르크 주립 및 시립도서관의 브레히트 연구소와 긴밀한 협조를 하게 되었는데 여기에는 베를린의 베르톨트 브레히트 기록보관소 다음으로 세계에서 두 번째로 큰 브레히트 관련 장서가 있다. 약 1만 권 중 반은 브레히트 자신의 작품으로 20개 이상의 언어로 번역되었다. 물론 베를린의 베르톨트 브레히트 기록보관소는 여전히 모든 진지한 브레히트 연구의 기초가 된다. 카를스루에의 브레히트 연구소와 아우크스부르크 연구소는 2006년부터 〈새로운 브레히트〉라는 시리즈를 간행한다. 이 시리즈는 《브레히트 편람》에 기고한 전 세계 68명의 학자들이 쓴 새로운 논문을 토대로 더 광범위한 토론의 광장을 열고 브레히트의 삶과 작품 그리고 영향에 대해서 새로운 담론을 열어가는 데 기여하려는 것이다.

1994년에는 아우크스부르크의 활동적인 브레히트 숍이 연 4회 발행하는 새로운 계간지 《서푼짜리 잡지》를 창간했는데 처음에는 실제로 서푼짜리였다. 그런데 그동안 자유로운 프레젠테이션과 훌륭한 도해로 인해서 급속히 전 세계적으로 전파되고 있으며 시사성 있는 논설로 감탄을 자아낸다. 베르톨트 브레히트 기록보관소는 이 잡지에다가 고정란을 마련해서 새로 구입된 브레히트 관련 도서 목록을 실시간에 맞게 싣고 있다.

BERTOLT BRECHT

국제적인 수용: 한국의 예

번역 브레히트 생전에 그의 작품 수용은 국제적으로 이루어졌으며 그는 수많은 작품의 번역을 주선함으로써 여기에 참여했다. 오늘날은 그의 작품이 전 세계의 소위 문화어로 번역되었을 것이라고 말할 수 있는데 조사에 의하면 54개 언어로 번역되었다고 한다. 예컨대 《서푼짜리 소설》은 이미 1935년에 러시아어로 번역되어 레닌그라드에서 발행되는 한 잡지에 연재소설로 나왔으며 1937년 모스크바에서 단행본으로 간행되어 대단한 성공을 거두었다. 오페라에서 나온 유행가들은 고향인 미국의 '딕시랜드'로 돌아가서 오늘날까지 작자불명의 노래로 불리고 있으며 무엇보다도 정치적인 투쟁가는 세계적으로 승승장구하고 있다. 1931년 영화 〈쿨레 밤페〉에 나오는 브레히트의 〈연대감의 노래〉는 국제적으로 승전고를 울리고 있다. 이 노래는 1935년 미국의 노동절 데모에서 불렀고 여러 나라 말로 번역되었으며 스페인 내전에 참전한 국제 여단의 투쟁가 모음집에 인쇄되었는데 이 책은 굉장히 많이 보급되었다.

브레히트 극작품
한국 공연 포스터

동아시아의 여러 나라에는 일반적으로 추정하는 것보다 더 많이 브레히트가 보급되었지만 번역이나 공연 그리고 거기서 보급된 불법 복사본들에 대한 공식적인 조사가 없기 때문에 입증하기는 어렵다. 하지만 예컨대 천안문 사태가 일어난 지 정확히 한 해 후인 1990년 베이징에서 개최된 회의는 정확히 입증할 수 있다. 공식적인 회의이면서 또한 공식적으로 감시를 받은 이 회의에는 라디오 방송국, 텔레비전, 신문 등 대중매체의 책임 있는 대표자들과 많은 저명한 예술가 및 작가가 참가했고 독일 측에서는 괴테 인스티투트와 카를스루에 브레히트 연구소가 참가했다. 여기서는 암묵적으로 게오르크 루카치를 전거로 중국의 공식적인 문화정책을 옹호했고 브레히트는 비평가의 몫을 담당했다. 두 작가의 작품은 너무나 잘 알려져 있어서 중국의 현재적 상황에 대한 연관성을 제시할 필요도 없이 모든 참가자들은 '근본적으로' 무엇이 문제인지를 알았다. 이 회의는 문화 정책에 있어서 중국이 아주 조심스럽게 서방에 대해서 문호를 개방하는 시발점이 되었다.

학습극의 성공 전 세계적으로 보급된 브레히트의 학습극 공연도 복제판 인쇄처럼 학교나, 대학교 그리고 괴테 인스티투트에서 비공개로 열리기 때문에 역시 입증하기는 어렵다. 이런 공연은 서사극과 같은 다른 형식의 연극보다 훨씬 더 인기가 있어서 세계적으로 보급되었다. 학습극은 아랍의 여러 나라들에서부터 브라질을 중심으로 한 남미까지, 핀란드에서 한국과 태국까지 광범위하게 보급되었다. 예컨대 〈조치〉는 1980년대에 이라크에서 지하 연극으로 성공을 거두었다. 게다가 주로 노래를 부르는 브레히트 프로그램은 이제 전 세계적으로 많이 개최되기 때문에 개관할 수가 없다.

한국에 대해서는 비교적 정확한 데이터가 있다. 한국에서는 1988년까지 브레히트의 작품이 공산주의적이라는 이유로 공식적으로 금지되었지만 1988년 서울 올림픽

한국브레히트학회에서 간행한 학회지(왼쪽)와 연극 편람(오른쪽)

을 기해서 브레히트뿐만 아니라 모든 금서와 금지된 작가가 해제되었다. 그렇다고 브레히트 연구가 그전에 이루어지지 않았다는 것은 아니다. 물론 대학 캠퍼스에 제한되어 있었지만 말이다. 브레히트의 서사극에 관한 최초의 연구논문은 1974년에 나왔다. 한국에서는 브레히트의 작품 중 일부가 번역되었다. 〈연극을 위한 작은 지침서〉는 처음에 일부 연극인에 의해서 영어로 수용되기도 했다. 1980년대에는 가장 중요한 참고문헌이 불법 복사되었는데 그중에는 2권짜리 《브레히트 편람》(1980, 1984)도 끼어 있었는데 브레히트의 작품을 제대로 검증하기도 전에 한국에서는 브레히트 연구의 기본도서가 되었고 브레히트를 알게 되었다. 비정치적인 서정시를 번역한 작은 선집(1985)을 제외하곤 브레히트의 작품은 1988년 이후부터 조직적으로 번역되었다. 브레히트는 1987년 6월 항쟁 이후 시작된 비판적인 재야 운동권이 좌파적 민주주의의 담론을 규정하고 정치적으로 관철하는 데 중요한 역할을 했으며 이런 운동으로 1988년 민주화를 이루게 되었다. 지배자들이 그를 마르크스주의자로 선언하고 이를 근거로 금지의 근거를 댔다고 해서 브레히트가 마르크스주의자로서 이런 역할을 한 것은 아니다. 브레히트의 공식적인 해금(解禁)은 한국에서 그의 작품이 처음으로 전문 극단에 의해서 공연됨으로써 결실을 맺게 되었다. 그 첫 공연은 물론 〈서푼짜리 오페라〉(이원양 역, 정진수 연출, 한스-유르겐 나겔 음악 지도 및 지휘)로서 1988년 12월 10일 서울 호암 아트홀에서 열렸으며 쿠르트 바일의 음악 원본이 사용되었다. 이 공연은 비교적 정숙한 한국 사회로서는 커다란 도전이었는데도 선풍적인 인기를 끌었다.

한국브레히트학회 1989년에는 한국브레히트학회가 설립되었으며 그 후 카를스루에의 브레히트 연구소와 긴밀한 관계를 가지고 서울을 비롯한 한국의 여러 도시와 카를스루에에서 학술 행사를 개최했다. 1995년에는 학회지 《브레히트와 현대연극》이 창간(발행 부수 500부)되었다. 독일에서 나온 편람의 모형에 따른 대작인 《브레히트의 연극세계》가 2001년에 간행되었다. 지금까지 거의 모든 극작품이 번

〈서푼짜리 오페라〉의 한국 호암아트홀 초연 프로그램 (1988년)

〈억척어멈과 그의 자식들〉(이원양 역, 이윤택 연출)의 첫 장면

역되었으며 브레히트 서거 50주년인 2006년에는 7편의 연극이 공연되었고 대대적인 전시회 및 학술 심포지엄도 개최되었다. 여섯 권짜리 작품집도 2007년 출간된다.

BERTOLT BRECHT

오늘의 브레히트

브레히트를 사회주의 또는 동독의 '현실 사회주의'와 동일시하려는 시도는 오늘날까지 성공하지 못했다. 1989년의 전환기 이후에도 브레히트의 종말은 오지 않았으며 그의 100회 탄생일 후에도 정치적 지시연극의 결별은 철회되지 않을 수 없었다. 그 까닭은 아주 간단하다. 브레히트 해석자들이 극작품에서 끌어내는 교훈은 언제나 이를 선포하는 사람들의 사이비 복음임이 드러났다. 이런 교훈은 브레히트의 예술과는 아무런 관계가 없거나 또는 아주 미미한 관계만 있기 때문에 결국은 브레히트의 예술은 아무런 영향을 받지 않은 채로 남아 있고 다의성과 양면가치를 가지고 계속해서 관철

> 브레히트의 예언과 브레히트의 시적 분석 중 아무것도 수정을 요하지 않는다. 브레히트의 시적인 예언은 현재다. 오늘날 내가 왜 이 노래들을 하느냐고 묻는 사람은 더 이상 없다. 이들은 현실이다. 그러니 이 노래들이 50여 년 전에 쓰였다는 것은 더욱 놀라운 일이다.
> 가수 겸 여배우인 기젤라 마이어가 브레히트에 대해서 한 말,
> 《Augenblick: Brecht》, 121쪽

되었다.

무엇보다도 쿠르트 바일 및 한스 아이슬러와의 공동 작업에서 이루어진 음악과 텍스트의 독특한 결합은 언제나 진가를 발휘했다. 전 세계에서 나오는 새로운 해석이 보여 주듯이 악곡은 오늘날까지도 도전적인 텍스트의 호소력 때문에 그리고 음악의 다양한 조음 가능성 때문에 쇠퇴하지 않으며 놀랄만한 새로운 해석을 가능하게 한다. 전 세계적으로 진행되는 해석이 이를 입증한다. 막스 라베와 그의 궁중 오케스트라는 〈차밍 바일〉이라는 제목으로 브레히트의 고전적 작품을 노래했고 영국의 팝스타인 로비 윌리엄스는 2001년에 〈매키 메서의 노래〉의 스윙 버전 음반을 냈고, 독일의 록 그룹인 슬러트는 2006년 데사우에서 열린 쿠르트 바일 페스티벌에서 〈서푼짜리 오페라〉에 나오는 노래들을 새로 편곡해서 "뉴 사운드" 〈슬러트가 바일을 연주하다〉를 불렀다.

노래

〈매키 메서의 노래〉처럼 가장 잘 알려진 멜로디들도 새로 해석되면 이제까지 들어본 적이 없는 것 같은 인상을 줄 수가 있다.

> 야훼와 코이너
> 하느님은 인도하시고
> ㅋ 쓰는 생각한다*
> 라이너 키르쉬, 〈야훼와 코이너〉,
> Leeder / Wizisla, 2006, 59쪽

* ㅋ=코이너, 쓰=씨

토마스 만의 장편소설 《파우스투스 박사》에서 아드리안 레버퀸이 시가 좋은 노래가 되기 위해서는 너무 좋아서는 안 된다고 한 것은 브레히트 작품의 작곡을 통해서 근본적으로 부정되었다. 이것은 두 개의 독자적인 예술의 통일체이지 전통적인 의미의 작곡은 아니다.

연극 연극에서도 마찬가지다. 여기서도 브레히트는 앞으로 살아남을 척도를 세웠다. 극장장 하리 부크비츠는 브레히트가 창조한 인물상은 "원형(原形)처럼 각인된다. 판사 아츠닥, 아르투로 우이, 푼틸라, 억척어멈, 셴테와 슈이타의 분열된 존재"(Buckwitz, 1981, 11쪽)라고 했다. 이런 명단은 시와 산문의 도움으로 상당히 풍부하게 더 연장할 수가 있을 것이다. 게다가 브레히트는 〈정글 속에서〉를 제외하고는 사건 진행이 없는 부조리극 작가들과는 달리 모든 극작품에서 플롯을 중요시했다. 그래서 그의 연극은 모더니즘 이전의 것이라는 해석이 나왔다. 사람들은 하이너 뮐러의 역사 비관주의를 통해서 브레히트의 모더니즘 이전의 고전성을 타기하고 마르틴 발저가 언젠가 표현한 것처럼 "오래된 금(金)"으로 보내 버리려고 시도했다. 여기서는 역사와 역사성의 부정이 자발적이고도 장엄한 인간의 자기 무력화로 간다는 것이 간과된다. 이를 통해서 모든 것이 가능해진다. 나치의 현란하고 범죄적인 역사 부정은 역사적으로 주어진 휴머니즘적 계몽의 부정에서 인간적인 야만성의 각종 소산이 가능함을 보여 주었다. 모더니즘의 무역사성은 뮐러로 하여금 역사적인 공회전에 대한 장엄한 표현을 하도록 했지만 그 자체가 동서의 대결에서 정치적으로 지시된 무역사성의 표현일 뿐이다. 이것은 이제 새로운 재미(문화에서 임의적인 오락) 거리로 대체되었으며 공허함만 남길 뿐이다. 역사를 고려하지 않는 사람은 더 이상 역사를 만들 수 없다.

불분명하기 짝이 없는 새로운 종교심이 사회에 확산된 것은 이상한 일이 아니며 물론 브레히트도 여기에 걸려 들었다. 베를린의 문학 포럼은 2002년 브레히트 주간을 작가의 "신앙"에 바쳤으며 여기에 모여든 철학자와 신학자들은 몇 명의 문예학자들과 함께 브레히트의 마르크스주의적인 역사관에는 "신학적 작열(灼熱)의 핵심"이 숨어 있다는 데에 합의했다. 소위 새로운 브레히트 연구는 드디어 브레히트의 희곡에서 그의 내면성을 수배하기 위해서 출발한다. 브레히트는 이런 데서 찾아야 된다는 것이다. 즉, "그가 가장 잘 숨어 있는 곳인 극작품에서, 그는 여기서 연극적으로 변신한 모습으로 자신의 심층적 내면을 드러낸다."(Dieckmann, 2003, 10쪽)

브레히트의 작품은 이미 여러 가지 해석을 견뎌 냈다. 브레히트의 거의 모든 텍스트를 특징짓는 것은 개방성

새로운 브레히트 연구

과 다의성이며 이런 특징은 그의 극작품에서 특별한 방식으로 나타난다. 시적인 텍스트에서 의미, 정신, 믿음, 견해, 세계관을 찾아내려는 문예학과 철학 그리고 신학의 성향은 브레히트의 텍스트에서 유희적인 것을 알아볼 수 없을 정도로까지 추방하는 결과를 초래했다. 바로 여기서 브레히트를 읽고 극장에서 그의 연극을 보는 '보통' 관객과 투이들 사이에 가윗날이 벌어진다. 투이들은 브레히트에게서 자신의 테마를 발견하지 못하고 그렇기 때문에 브레히트는 끝났다라고 주장한다. "모순은 희망이다."(GBA 21, 448쪽)

역자 후기

브레히트 연구와 수용: 이제부터 새로운 시작이다

제2차 세계대전의 결과로 나타난 세계질서인 냉전체제가 1980년대 말 마침내 동구권 사회주의 체제의 붕괴로 막을 내렸고 1990년에는 분단 독일도 통일되었다. 한편 2000년에는 총30권 32책으로 구성된 《브레히트 해설부 신전집》(GBA)이 완간되었다. 이 거대한 프로젝트는 아직 동서독이 분단되어 있던 1985년 동서독 간의 문화적 협력 사업으로 시작된 것이었다. 《신전집》은 그동안 브레히트 연구에서 일반적으로 통용되었던 불충분한 20권짜리 작품집(WA)을 대체하게 되었다.

독일 통일과 《신전집》의 출간은 브레히트 연구와 수용에서 새로운 장을 열어 주는 계기가 되었으며 커다란 전환점을 이루었다. 동서의 냉전체제와 독일연방의 반공 정책으로 인하여 서독에서 브레히트는 공산주의 작가로 낙인찍혔고 동독에서는 그를 소위 '사회주의적 리얼리즘'의 틀에 맞추며 '민족작가'로 치켜세웠다. 그러나 이제부터 우리는 이념적인 색안경을 쓰고 브레히트를 볼 필요가 없게 되었으며 그동안의 학문적인 연구 성과와 새로 밝혀진 많은 원전을 토대로 한 《신전집》을 기초로 해서 "마지막 전방위 작가"인 브레히트의 작품 세계에 좀더 자유롭게 접근할 수 있게 되었다. 이제부터 새로운 시작이다.

그동안 한국에서의 브레히트 연구와 수용도 독일을 비롯한 세계적인 수용의 틀을 별로 벗어나지 못했었다. 남북의 분단 상황 하에서 오랫동안 유지되었던 반공정책으로 인해 공연과 출판물에 대한 엄격한 검열이 시행되었고 이 때문에 브레히트 연구와 수용은 많은 제약을 받지 않을 수 없었다. 이런 가운데 산발적으로 나온 불충분한 번역서들이 올바른 브레히트 수용의 길잡이가 될 수 없었던 것은 당연한 일이다.

브레히트 연구의 새로운 길잡이, 《베르톨트 브레히트》
이 책은 간명한 서술에다 많은 사진 자료를 곁들인 현대적이고 참신한 체제로 인하여 인기를 얻고 있는 독일 주어캄프 출판사의 새로운 세계인물총서 중의 하나다. 독일 작가는 물론 세계사에 등장하는 위대한 인물들의 전기를 '생애', '작품' 그리고 '영향'의 세 부분으로 나누어 간결하게 서술하고 있어서 누구나 짧은 시간 안에 쉽고 재미있게 읽을 수 있다. 그리고 부록에 제시된 참고문헌 목록은 해당 작가나 인물에 관해서 더 자세히 알고자 하는 독자들에게 필요한 도움을 준다.

이 책의 저자 얀 크노프 교수는 《신전집》 발간 사업에 공동 간행인으로 참여했으며 새로운 《브레히트 편람》(1~5권)을 비롯해 많은 저서와 논문을 발표해서 브레히트 연구의 세계적 권위자로 인정받고 있다. 역자는 오래 전부터 크노프 교수와 학문적인 교류를 해왔을 뿐만 아니라 개인적인 친분을 가지고 있다. 역자가 2005년 10월에 카를스루에 대학으로 그를 방문했을 때 우리는 이 책의 집필 구상과 번역 작업에 관한 세부 사항을 논의했다. 브레히트의 새 전기는 독일과 한국에서 거의 동시에 출간하게 되어서 역사적인 의미와 시의성을 더하게 되었다. 원고의 생성 과정과 주어캄프 출판사의 편집 작업에 이르기까지 역자는 저자와 많은 의논과 업무 협조를 했다. 브레히트 연구의 새로운 장을 열게 될 입문서인 이 책을 번역 출간할 수 있게 되어 기쁘게 생각한다. 또한 저자와의 오랜 학문적, 개인적 친분이 이 책의 번역 출간으로 하나의 결실을 맺는다는 점에서도 기쁜 일이다.

BERTOLT BRECHT

브레히트: "21세기의 괴테", "서구 연극의 길잡이"

브레히트는 누구인가? 그는 어떤 작가이며 그의 연극 세계는 어떤 것인가? 이런 질문에 대한 대답은 물론 이 책이 명쾌하게 해줄 것이다. 저자인 크노프 교수는 "브레히트는 21세기의 괴테이다"*라고 역자와의 대담에서 선언했다. 극작품, 시, 장편소설, 산문, 논설문 등 방대한 분량의 작품과 극장에서의 실무적인 연극 작업 등 그가 남긴 작품의 분량만 보아도 엄청나다. 그는 58세라는 비교적 짧은 생애를 산 작가로서 15여 년 간 나치의 박해를 피해 전 세계를 한 바퀴 돌며 망명 생활을 한 난세의 작가였다는 점도 잊어서는 안 될 것이다. 연출가인 김석만 교수도 "브레히트는 서구 연극 이해의 길잡이다"**라고 말한다. 브레히트의 서사극을 알면 서구 연극의 흐름을 이해할 수 있으며 동시대의 세계 연극을 이해하는 데에도 도움이 된다. 역설적으로 들리지만 브레히트를 알면 중국의 경극(京劇)이나 일본의 노오(能) 등 동아시아의 연극도 더 잘 이해할 수 있다.

* 이원양, 《만나본 사람들, 나눈 이야기》, 연극과 인간, 2006년, 347~366쪽 참조
** 같은 책, 109쪽부터

브레히트 서거 50주년을 기념하여: 연극 공연, 전시회, 전집 출간

2006년은 브레히트 서거 50주년이 된 해로 독일을 비롯한 세계 각국에서 연극 공연, 전시회, 학술대회 등 각종 기념행사가 열렸다. 한국에서도 2006년 후반기에 〈억척어멈과 그의 자식들〉, 〈갈릴레이의 생애〉, 〈서푼짜리 오페라〉 등이 공연되었다. 한국브레히트학회는 브레히트 전시회와 학술 심포지엄을 개최했고 6권짜리 브레히트 전집 간행을 준비하고 있다. 그동안 산발적으로 번역 출간되어서 통일성과 정확성이 결여되었던 기존의 책들이 새로 번역되어 새 전집으로 대체되면 앞으로 브레히트 수용의 건실한 기초가 될 것이다. 따라서 브레히트 서거 50주년이었던 2006년을 기점으로 한국의 브레히트 수용사는 다시 쓰일 것이다. 이제까지의 연구 성과를 총정리하고 반성하며 새로운 출발을 다짐하는 좋은 계기이다. 이런 전환점에서 최신의 연구 결과가 반영된 주어캄프 세계인물총서 《베르톨트 브레히트》의 출간은 중요한 의미가 있으며 시의 적절한 일이기도 하다.

용어의 통일: '생소화 효과' 등

'생소화 효과' 등 브레히트 연구에서 통용되는 연극 미학적 개념들은 오랫동안 연구자에 따라서 조금씩 다르게 번역 사용되었고 작품의 제목 번역에도 통일성이 결여되어서 혼란이 있었다. 한국브레히트학회에서는 전문용어 및 작품 제목의 통일에 관해서 논의를 진행해 왔고 그 결과는 연극 편람인 《브레히트의 연극 세계》(2001)에 반영되었다. 여기 새로 출간되는 《베르톨트 브레히트》에서는 개념이나 제목의 번역에서 원칙적으로 학회의 통일안을 따랐다. 다만 〈'예'라고 말하는 사람〉, 〈조치〉, 〈카라 부인의 총〉 등 몇 가지 사항에서는 조심스런 개선을 시도했다.

많은 독자들이 이 책을 통해 '새로운 브레히트'를 만나는 즐거움을 맛볼 수 있기를 바란다.

2007년 3월

이원양

베르톨트 브레히트 연보

1898년 2월 10일 독일 남부 바이에른 주 아우크스부르크에서 베르톨트 (베르톨트 오이겐 프리드리히) 브레히트(Bertolt (Berthold Eugen Friedrich) Brecht) 출생. 슈바르츠발트의 아헤른 출신인 아버지 베르톨트 프리드리히 브레히트(Berthold Friedrich Brecht)는 아우크스부르크 하인들(Haindl) 제지공장의 판매담당 직원으로 일하다 후일 대리 및 공장장으로 승진. 어머니 소피 브레칭(Sofie Brezing)은 바트 발트제 근처의 로스베르크 출신. 1990년 동생 발터(Walter) 태어남.

1904~1906년 아우크스부르크의 맨발수도회 학교에서 공부.

1906~1908년 초등학교에서 공부.

1908~1917년 아우크스부르크의 바이에른 왕립 실업 김나지움에서 공부.

1913~1914년 학생 신문 《에른테(Die Ernte)》의 발기인이자 간행인 및 주요 작가로 활동.

1914년 1월 최초의 희곡 〈성경(Die Bibel)〉이 《에른테》 6호에 실림. 8~11월 아우크스부르크 신문들에 처음으로 글을 발표함(〈아우크스부르크의 전쟁서간〉과 애국시들).

1917년 전시 고등학교 졸업시험을 치른 뒤 김나지움 졸업. 전시 군복무를 면제받음. 10월 뮌헨으로 이사해 뮌헨 대학에 등록, 아르투어 쿠처(Arthur Kutscher) 교수의 연극학 강의 수강.
1918~1919년 아우크스부르크의 임시 야전병원에서 위생병으로 3개월간의 보충역 근무를 마침.
1919년 리온 포이히트방어(Lion Feuchtwanger)와 평생 친교를 맺고 공동 작업을 시작함. 6월 강의 수강 중단. 7월 파울라 반홀처(Paula Banholzer)와의 사이에서 아들 프랑크(Frank) 출생.
1920년 5월 1일 오랫동안 암으로 중병을 앓던 모친 사망.
1921년 뮌헨에서 간행되던 잡지 《데어 노이에 메르쿠어(Der Neue Merkur)》에 해적 이야기 〈바르간은 포기한다〉를 실음. 브레히트는 이때부터 문학 유망주로 통함. 대학 중퇴.
1922년 처음으로 베를린 탐색 여행. 영양실조와 신장염으로 베를린 샤리테 병원에 입원. 연극 비평가 헤르베르트 예링(Herbert Jhering)을 알게 됨. 9월 〈한밤의 북소리(Trommeln in der Nacht)〉가 뮌헨의 캄머슈필레 극장에서 초연. 11월 마리안네 초프(Marianne Zoff)와 결혼. 클라이스트 문학상 수상.
1923년 뮌헨의 캄머슈필레 극장에서 희곡 전문가와 연출가로 일함. 3월 마리안네 초프와의 사이에서 딸 한네(Hanne) 출생. 5월 뮌헨의 레지덴츠 극장에서 〈정글 속에서(Im Dickicht)〉 초연, 나치의 방해를 받음. 브레히트는 부르주아 신문에서 처음으로 '볼셰비키'라는 비방을 받음. 또다시 베를린 탐색 여행을 하면서 헬레네 바이겔(Helene Weigel)을 알게 됨.
1924년 9~10월 브레히트는 베를린으로 이주해 도이체스 테아터에서 희곡 전문가로 일함. 11월 헬레네 바이겔과의 사이에서 아들 슈테판(Stefan) 출생.
1925년 여름 아우크스부르크 방문, "고아가 되어서" 〈아우크스부르크의 소네트〉라는 포르노 시를 씀.

1926년 3월 엘리자베트 하우푸트만(Elisabeth Hauptmann)에 의하면 브레히트는 당시 자신의 '서사극' '형식'을 찾아냈음.

1927년 쿠르트 바일과의 공동 작업 시작. 7월 노래극 〈마하고니〉 초연(바덴바덴의 독일 실내악 주간). 11월 마리안네 초프, 브레히트와 이혼.

1928년 1월 게오르게 그로스(George Grosz)와 공동 작업 시작. 8월 베를린 시프바우어담 극장에서 〈서푼짜리 오페라〉 초연.

1930년 2월부터 한스 아이슬러(Hanns Eisler)와 〈조치〉 공동 작업 시작. 3월 9일 라이프치히의 노이에스 테아터에서 오페라 〈마하고니 시의 흥망성쇠〉 초연. 10월 헬레네 바이겔과의 사이에서 딸 바바라(Barbara) 출생.

1931년 마르가레테 슈테핀(Margarette Steffin)을 알게 됨.

1932년 3~4월 영화 〈쿨레 밤페(Kuhle Wampe)〉 금지.

1933년 2월 28일부터 프라하와 빈을 거쳐 파리로 도피. 5월 나치가 '불온서적'을 불태움. 독일 내에서 브레히트의 모든 서적이 금지됨. 6월 스벤보르에 농촌 주택을 구입한 후 덴마크의 퓌넨 섬으로 이주. 8월 브레히트는 루트 베를라우(Ruth Berlau)를 알게 된다.

1934년 3월 독일을 제외한 전 유럽의 신문과 잡지에 브레히트의 시가 발표됨.

1935년 3월 스톡홀름, 헬싱키, 레닌그라드를 거쳐서 모스크바로 여행. 5월 덴마크로 귀환. 6월 독일 국적 박탈.

1936년 9월 처음으로 "소외효과(Verfremdungseffekt)"라는 용어를 사용.

BERTOLT BRECHT

1937년 10월 16일 〈카라 부인의 총기(Die Gewehre der Frau Carrar)〉가 독일어로 파리에서 공연됨. 주연은 헬레네 바이겔.
1938년 5월 프라하 말릭 출판사에서 《전집》 1, 2권 출간. 5월 21일 〈99%〉라는 제목으로 〈제3제국의 공포와 참상〉의 8개 장면 공연.
1939년 최초의 망명 희곡 〈사천의 선인(Der gute Mensch von Sezuan)〉 집필. 5월 부친 사망.
1940년 4월 가족과 함께 핀란드로 도피. 〈피난민의 대화〉 및 〈푼틸라 씨와 그의 하인 마티(Herr Puntila und sein Knecht Matti)〉 집필.
1941년 4월 19일 〈억척어멈과 그의 자식들(Mutter Courage und ihre Kinder)〉이 취리히 샤우슈필하우스에서 초연. 5~6월 모스크바와 블라디보스토크를 거쳐 로스앤젤레스로 도피.
1942년 2월 '적대적 외국인(enemy alien)'으로 등록. 6월 이후 시나리오 〈형리들도 역시 죽는다(Hangmen Also Die)〉 작업(초연은 1943년 3월 26일, 브레히트의 참여는 언급되지 않음).
1943년 3월 파울 데사우(Paul Dessau)를 알게 된 후 공동 작업 시작.
1945~1947년 찰스 로턴(Charles Laughton)과 〈갈릴레이의 생애(Leben des Galilei)〉(1938~1939) 미국 본 공동 작업, 〈갈릴레오〉라는 제목으로 비벌리힐스에서 1947년 7월 30일 초연.
1947년 10월 미의회 반미행위조사위원회에 소환되어 심문을 받음. 다음 날 파리로 떠남. 11월 이후 스위스로 이주.
1948년 10월 처음으로 프라하를 거쳐 베를린 여행. 베를린 앙상블(BE) 창단에 대한 협의(1949년 4월까지).

1949년 1월 11일 〈억척어멈과 그의 자식들〉 시연회(베를린의 도이체스 테아터에서 BE 공연). '서사극'에 대한 논쟁 시작. 5월 베를린-바이센제로 이주.
1950년 4월 브레히트와 부인 헬레네 바이겔 오스트리아 국적 취득.
1953년 6월 베를린-미테(Berlin-Mitte)에 있는 쇼세슈트라세(Chausseestraße) 125번지로 이사.
1954년 6월 베를린 앙상블(Berliner Ensemble)이 파리에서 〈억척어멈과 그의 자식들〉로 나들이 공연을 하여 "브레히트의 혁명(révolution brechtienne)"이라는 극찬을 받음. 브레히트는 세계적인 작가로 명성을 떨치게 됨.
1955년 5월 모스크바에서 스탈린 평화상 수상.
1956년 8월 14일 베를린에서 심장마비로 사망.

참고 도서

브레히트 작품집

브레히트 신전집, 30권 32책 및 색인, 본문에서 약자 GBA로 표시함.
예, (GBA 26, 69) = (GBA 26권, 69쪽).

GBA Werke. Große kommentierte Berliner und Frankfurter Ausgabe, 30 Bände in 32 Teilen und Registerband. Hrsg. von Werner Hecht, Jan Knopf, Werner Mittenzwei und Klaus-Detlef Müller. Berlin und Weimar/Frankfurt a. M. 1988~1998 bzw. 2000

1~10: Stücke, 10 Bände in 11 Teilen, 1988~1997
11~15: Gedichte, 5 Bände, 1988~1995
16~20: Prosa, 5 Bände, 1990~1997
21~25: Schriften, 5 Bände in 6 Teilen, 1992~1994
26~27: Journale, 2 Bände, 1994~1995
28~30: Briefe, 3 Bände, 1998; Registerband, 2000

Dies.: 30 Bände in 32 Teilen und ein Begleitheft. Sonderausgabe. Frankfurt a. M. 2003 Jubiläumsausgabe: Frankfurt a. M. 2006.

Es handelt sich um die maßgebliche Ausgabe, die alle vorangegangenen Werkausgaben abgelöst hat.

Ausgewählte Werke in sechs Bänden. (Hrsg. von Werner Hecht, Wolfgang Jeske und Jan Knopf.) Frankfurt a. M. 1998 (als Taschenbuch 2006).

Basiert auf der GBA mit stark verkürztem Kommentar; ohne die Romane, Stücke nur in Auswahl.

Kommentierte auf dem Editionsprinzip der GBA basierende Einzelausgaben von Brechts Werken liegen in der Suhrkamp BasisBibliothek vor; die Reihe wird fortgesetzt.

본문과 주에서 사용된 약자

브레히트 편람, 1~5권, 본문에서 약자 BHB로 표시함.

BHBBrecht-Handbuch, in fücf Bänden. Hrsg. von Jan Knopf. Stuttgart/Weimar 2001~2003 (Bd. 1: Stücke, 2001; Bd. 2: Gedichte, 2001; Bd. 3: Prosa, Filme, Drehbücher, 2002; Bd. 4: Schriften, Journale, Briefe, 2003; Bd. 5: Register, Chronik, Materialien, 2003).

In über 250 monographisch angelegten Einzelartikeln wird von 68 Wissenschaftlern/Innen aus acht Ländern das Gesamtwerk Brechts erstmals auf der Grundlage der GBA und ihrer Materialien vollständig erschlossen. Das Handbuch bildet die mögliche Grundlage für eine neue, ideologie-und glaubensfreie Erschließung von Brechts Werk: kein Fazit, ein Neubeginn.

브레히트 연보 1898~1956, 본문에서 약자 BC로 표시함. 예, (BC 66) = (BC 66쪽)

BCHecht, Werner: Brecht Chronik 1898~1956. Frankfurt a. M. 1997.

Unverzichtbare, umfassende, ins Detail gehende Materialsammlung zu Brechts Leben und Werk mit Dokumenten, die über die der GBA hinausgehen. Die Chronik wird 2006 mit

Ergänzungen fortgesetzt.

브레히트에 관한 저술 해설부 참고문헌(발췌)

Die Augsburger Schülerzeitschrift 《Die Ernte》 mit den ersten Veröffentlichungen Bertolt Brechts, Staats-und Stadtbibliothek Augsburg, hrsg. von der Kulturstiftung der Länder, Autoren: Helmut Gier, Jürngen Hillesheim, Red.: Joachim Fischer, Berlin 2000.

Dokumentation und Beschreibung der ersten, belegten Kollektivarbeit Brechts von 1913.

Benjamin, Walter: Versuche über Brecht. Hrsg. und mit einem Nachw. versehen von Rolf Tiedemann. Frankfurt a. M. 1978.

Sammlung der Schriften Benjamins über Brecht mit den Aufzeichnungen über die Aufenthalte in Dänemark; materialreich.

Berg, Günter/Jeske, Wolfgang: Bertolt Brecht. Stuttgart/Weimar 1998.

Kurze, übersichtliche Gesamtdarstellung; an den Fakten orientiert; umfangreiche Bibliographie; als erste Orientierung empfehlenswert.

Berlau, Ruth: Brechts Lai-tu. Erinnerungen und Notate. Hrsg. von Hans Bunge. Darmstadt/Neuwied 1985.

Erfolgreiche, autobiographisch orientierte Darstellung nach Berlaus Selbstaussagen und Materialien; von Bunge sprachlich überarbeitet.

Brecht, Walter: Unser Leben in Augsburg, damals. Erinnerungen. Frankfurt a. M. 1984.

Materialreiche, aber auch sehr subjektiv gefärbte Darstellung von Brechts jübgerem Bruder über die Kinder-und Jugendzeit in Augsburg.

Bronnen, Arnolt: Tage mit Bertolt Brecht. Geschichte einer unvollendeten Freundschaft. Darmstadt/Neuwied 1976.

Kurze, prägnante Darstellung der Freundschaft in den 1920er Jahren; mit eingestreuter Dokumentation von Originalmaterial.

Bunge, Hans: Fragen Sie mehr über Brecht. Hanns Eisler im Gespräch. München 1970.

Mehr Eisler als Brecht charakterisierende Gespräche mit vielen, aber nicht immer zuverlässigen Einzelheiten über eine lange und arbeitsintensive Freundschaft.

Dümling, Albrecht: Laßt euch nicht verführen. Brecht und die Musik. München 1985.

Interpretierende, gut recherchierte Gesamtdarstellung auf dem damaligen Stand; anregend und sachangemessen; gut lesbar.

Frisch, Werner/Obermeier, K. W.: Brecht in Augsburg. Erinnerungen, Dokumente, Texte, Fotos. Berlin/Weimar 1975.

Umfangreiche, aber nicht gewichtende Materialsammlung über Brechts Kinder-und Jugendzeit in Augsburg.

Gersch, Wolfgang: Film bei Brecht. Bertolt Brechts praktische und theoretische Auseinandersetzung mit dem Film. München 1975.

Erste Monographie zum Thema; noch ohne Konkurrenz.

Häntzschel, Hiltrud: Brechts Frauen. Reinbek bei Hamburg 2003.

Aus Sicht der Frauen berücksichtigt sind Banholzer, Zoff, Fleißer, Weigel, Hauptmann, Steffin, Berlau geschrieben; eng an den jeweiligen Biographien orientiert.

Hecht, Werner (Hrsg.): Bertolt Brecht. Sein Leben in Bildern und Texten. Frankfurt a. M. 1978.

Immer noch der beste Bildband über Brecht mit prägnant ausgewählten Textzitaten.

Hecht, Werner (Hrsg.): alles was Brecht ist... Ein Medienhandbuch. Begleitbuch zu den gleichnamigen Sendereihen von 3sat und S2 Kultur. Frankfurt a. M. 1997.

Umfassende Sammlung von Fakten zu Brechts Medienpräsenz sowie von zeitgenössischen Texte der an seinem Werk Beteiligten mit Kommentaren und Bildern; Radiographie sowie Videographie.

Hecht, Werner: Helene Weigel. Eine große Frau des 20. Jahrhunderts. Frankfurt a. M. 2000.

Umfassende, mit vielen Fotos versehene Biographie Weigels, die sich aus Gesprächen zusammensetzt, die Hecht mit Weigel geführt hat; mit Chronik.

Herrmann, Hans Christian von: Sang der Maschinen. Brechts Medienästhetik. München 1996.

Theoretisch fundierte Darstellung der avantgardistischen und international erfolgreichen Medienästhetik Brechts im Kontext der Unterhaltungsindustrie.

Hillesheim, Jürgen: Augsburger Brecht-Lexikon. Personen Institutionen Schauplätze. Würzburg 2000.

Fundgrube für zeitgenössische und aktuelle Bezüge von Augsburg zu Brecht; die zahlreiche neue, noch nicht ausgewertete Ansäsze enthält.

Hillesheim, Jürgen: ›Ich muß immer dichten.‹ Zur Ästhetik

des jungen Brecht. Würzburg 2005.
Erste Gesamtdeutung des Werks des jungen Brecht bis ca. 1921 mit bisher unbekannten Materialien und Texten Brechts; weist nach, dass Brecht sein dichterisches Handwerk systematisch ausbildete und auf spätere Erfolge hinarbeitete.
Hüfner, Agnes: Brecht in Frankreich 1930~1963. Verbreitung, Aufnahme, Wirkung. Stuttgart 1968.
Immer noch wichtig, weil exemplarisch nachgewiesen wird, dass sich Brecht in Deutschland erst mit dem Umweg ser das Ausland durchsetzen konnte.
Kebir, Sabine: Ich fragte nicht nach meinem Anteil. Elisabeth Hauptmanns Arbeit mit Bertolt Brecht. Berlin 1997.
Mit bis dahin unbekannten Quellen recherchierte Untersuchung über Hauptmanns Anteile an Brechts Arbeiten; widerlegt exemplarisch die Behauptung, dass Brecht seine Mitarbeiterinnen ausgebeutet habe.
Knopf, Jan: Bertolt Brecht. Stuttgart 2000.
Übersichtliche, nach Gattungen geordnete Gesamtdarstellung.
Knopf, Jan: Brecht-Handbuch. 2 Bde. Stuttgart 1980, 1984.
Weltweit verbreitete erste Gesamtdarstellung auf dem noch vom ideologischen Streit bestimmten Forschungsstand der Zeit; in seinen systematischen Teilen immer noch benutzbare übersichtliche Orientierungshilfe.
Kugli, Ana/Opitz, Michael (Hrsg.): Brecht-Lexikon. Stuttgart/Weimar 2006.
Über 350 infomative Kurzartikel zu Leben, Werk und Wirkung.
Lucchesi, Joachim/Shull, Ronald K.: Musik bei Brecht.

Frankfurt a. M. 1988.
Immer noch das Standardwerk zum Thema; enthält inzwischen notwendigerweise viele Lücken und Fehler, die durch die Forschung mit der Zeit recherchiert worden sind.

Lyon, James K.: Bertolt Brecht in Amerika. Frankfurt a. M. 1984.
Standardwerk zum USA-Exil, sachlich und unspektakulär.

Lyon, James K. (Hrsg.): Brecht in den USA. Frankfurt a. M. 1994.
Materialiensammlung mit teilweise bis dahin unbekannten Texten.

Müssterer, Hanns Otto: Bert Brecht. Erinnerungen aus den Jahren 1917~22. Mit Photos, Briefen und Faksimiles. Zürich 1963.
Zuverlässige, verschollene Materialien überliefernde Darstellung von Brechts Augsburger und Münchner Jahren.

Müssener, Helmut: Exil in Schweden. Politische und kulturelle Emigration nach 1933. München 1974.
Erste Überblicksdarstellung über Exilanten in Schweden, die Brecht mit hohen Anteilen berücksichtigt; zeigt, wie problematisch die sogenannte Neutralität Schwedens für Emigranten war.

Neureuter, Hans Peter: Brecht in Finnland. Studien zu Leben und Werk 1940~1941. Frankfurt a. M. 2006.
Eingehende Darstellung einer intensiven Schaffenszeit Brechts mit der Aufarbeitung von Material, das die Brecht-Forschung weitgehend noch nicht kennt.

Noltenius, Rainer (Hrsg.): Bertolt Brecht und Hans Tombrock.

Eine Künstlerfreundschaft im skandinavischen Exil. Essen 2004.

Materialreiche, gut bebilderte Darstellung einer Freundschaft zweier Künstler, deren Umfang und Produktivität bisher nicht bekannt war.

Palm, Kurt: Vom Boykott zur Anerkennung. Brecht und Österreich. Wien/München 1983.

Gut dokumentierte und politisch orientierte Darstellung über Brechts vergebliche Versuche, zu Lebzeiten einen Wohn-sund Arbeitsplatz in Österreich zu erhalten – und seine postume Anerkennung.

Rohse, Eberhard: Der frühe Brecht und die Bibel. Studien zum Augsburger Religionsunterricht und zu den literarischen Versuchen des Gymnasiasten. Göttingen 1983.

Eingehende, aber auf überholtem Ideologie-Stand argumentierende Untersuchung, die Brechts spezifischem Umgang mit der Bibel und der Religion nicht gerecht wird, sondern in die Kategorie ›Nihilismus‹ und damit vermuteter Blasphemie einordnet.

Schebera, Jürgen: Kurt Weill 1900~1950. Eine Biographie in Texten, Bildern und Dokumenten. Leipzig 1990.

Gesamtdarstellung mit vielen neuen Dokumenten, die zwar parallel zu Band 2 der GBA entstanden ist, jedoch einen aktuelleren Forschungsstand präsentiert.

Wagner, Frank D.: Antike Mythen. Kafka und Brecht. Würzburg 2006.

Erster Band der Reihe Der neue Brecht bei Königshausen & Neumann; widmet sich den gegenläufigen Positionen Kafkas und Brechts zum antiken Mythos, deren Ergebnisse aber als gleichwertig erkannt werden.

Wizisla, Erdmut: Benjamin und Brecht. Die Geschichte einer Freundschaft. Frankfurt a. M. 2004.

Beschreibt die Geschichte einer einzigartigen Freundschaft zwischen zwei Autoren trotz unterschiedlichster Voraussetzungen und Sozialisationen.

Wüthrich, Werner: Bertolt Brecht und die Schweiz. Zürich 2003.

Detaillierte, manchmal schon zu eingehende Darstellung über Brecht und die Schweiz; weist u. a. nach, dass Brecht unbegründet observiert und aufgrund von Vorurteilen daran gehindert wurde, sich dort niederzulassen.

Wyss, Monika (Hrsg.): Brecht in der Kritik. Rezensionen aller Brecht-Uraufführungen. München 1977.

Nach wie vor die schnellste und zuverlässige Informationsquelle für die zeitgenössische Rezeption von Brechts Theater.

기타 참고문헌

Augenblick: Brecht. Zeitgenossen schauen auf ein Phänomen dieses Jahrhunderts. Hrsg. vom Kulturbüro der Stadt Augsburg. Augsburg 1998.

Barthes, Roland: ›Ich habe das Theater immer sehr geliebt, und dennoch gehe ich fast nie mehr hin.‹ Hrsg. von Jean-Loup Rivière. Aus dem Französischen übersetzt von Dieter Hornig. Berlin 2001.

Boie-Grotz, Kirsten: Brecht der unbekannte Erzähler. Die Prosa 1913~1934. Stuttgart 1978.

Bertolt Brecht. Sonderband I. 3. Aufl. Hrsg. von Heinz Ludwig Arnold in Zusammenarbeit mit Jan Knopf. München 2006.

Bertolt Brecht Werke. Sonderheft ›notate‹. Berlin 1985.

Bradley, Laura: ›Es ist unmöglich, ohne die Bühne ein Stück fertigzumachen.‹ Brecht's ›Mutter‹ in Performance. St. Edmund Hall 2003.

Bryant-Bertail, Sarah: Space and Time in Epic Theater. The Brechtian Legacy. Rochester (u. a.) 2000.

Buckwitz, Harry: ›Nekrolog auf einen Scheintoten‹. In: Brecht-Jahrbuch 1980. Hrsg. von Reinhold Grimm und Jost Hermand. Frankfurt a. M. 1981. S. 9~13.

Choi, Young Jin: Die Expressionismusdebatte und die Studien. Eine Untersuchung zu Brechts Sonettdichtung. Frankfurt a. M. 1998.

Dieckmann, Friedrich: Wer war Brecht? Erkundungen und Erörterungen. Berlin 2003.

›Die Kehrseite der Münze‹. Joachim Lucchesi im Gespräch mit Eric Bentley. In: Dreigroschenheft (2005), H. 3. S. 5~14.

Goethes Gespräche mit J. P. Eckermann. 2 Bde. Leipzig 1908.

Hillesheim, Jürgen: Bertolt Brechts Augsburger Geschichten. Biografische Skizzen und Bilder. Augsburg 2004.

Hohenwallner, Ingrid: Antikerezeption in den Gedichten Bertolt Brechts. Möhnesee 2004.

Karasek, Hellmuth: Bertolt Brecht. Der jüngste Fall eines Theaterklassikers. München 1978.

Kienast, Welf: Kriegsfibelmodell. Autorschaft und kollektiver Schöpfungsprozess in Brechts ›Kriegsfibel‹. Göttingen 2001.

Kim, Taekwan: Das Lehrstück Bertolt Brechts. Untersuchungen zur Theorie und Praxis einer zweckbestimmten Musik am Beispiel von Paul Hindemith, Kurt Weill und Hanns Eisler. Frankfurt a. M. 2000.

Kloepfer, Albrecht: Poetik der Distanz. Ostasien und ostasiatischer Gestus im lyrischen Werk Bertolt Brechts. München 1997.

Knopf, Jan (Hrsg.): Interpretationen. Gedichte von Bertolt Brecht. Stuttgart 1995.

Knopf, Jan: Gelegentlich: Poesie. Ein Essay über die Lyrik Bertolt Brechts. Frankfurt a. M. 1996.

Koopmann, Helmut: Brechts Lyrik. Neue Deutungen. Würzburg 1999.

Krabiel, Klaus-Dieter: Brechts Lehrstücke. Entstehung und Entwicklung eines Spieltyps. Stuttgart/Weimar 1993.

Lee, Seung Jin: Aus dem Lesebuch für Städtebewohner. Schallplattenlyrik zum ›einverständnis‹. Frankfurt a. M. 1993.

Leeder, Karen/Wizisla, Erdmut (Hrsg.): ›O CHICAGO! O WIDERSPRUCH!‹ Hundert Gedichte auf Brecht. Berlin 2006.

Lucchesi, Joachim (Hrsg.): Brandauer inszeniert Die Dreigroschenoper von Brecht & Weill. Frankfurt a. M. 2006.

Mennemeier, Franz Norbert: Bertolt Brechts Lyrik. Aspekte, Tendenzen. Düsseldorf 1998.

Müller, Hans-Harald/Kindt, Tom: Brechts frühe Lyrik. Brecht, Gott, die Natur und die Liebe. München 2002.

Müller-Schöll, Nikolaus: Das Theater des ›konstruktiven Defaitismus‹. Lektüren zur Theorie eines Theaters der A-Identität bei Walter Benjamin, Bertolt Brecht und Heiner Müller. Frankfurt a. M. (u. a.) 2002.

Reich-Ranicki, Marcel (Hrsg.): Bertolt Brecht: Der Mond über Soho. 66 Gedichte mit Interpretationen. Frankfurt a. M. 2002.

Schwaiger, Michael (Hrsg.): Bertolt Brecht und Erwin Piscator. Experimentelles Theater im Berlin der Zwanzigerjahre. Wien 2004.

Suh, Yo Sung: Das Opfer des Individuums und die Geschichte in den Stücken Bertolt Brechts und Heiner Müllers. Aachen 2002.

Thimm, Günter: Das Chaos war nicht aufgebraucht. Ein adoleszenter Konflikt als Strukturprinzip von Brechts Stünken. Freiburg 2003.

Wilke, Judith: Brechts Fatzer-Fragment. Lektüre zum Verhältnis von Dokument und Kommentar. Bielefeld 1998.

Willett, John: Bertolt Brechts Dramatic Theory. Rochester 2004.

브레히트 관련 인터넷 사이트 주소

http://www.adk.de/(Akademie der Künste, Berlin; Pfad zur Brecht-Weigel-Gedenkstätte und zum Bertolt-Brecht-Archiv)

http://www.rz.uni-karlsruhe.de/~brecht/index.html (Arbeitsstelle Bertolt Brecht, Karlsruhe)

http://www.bert-brecht.com (Dreigroschenheft, Augsburg)

http://www.lfbrecht.de/index.htm (Literaturforum im Brecht-Haus, Berlin)

http://german.lss.wisc.edu/brecht/ (The International Brecht Society, Santa Clara)

http://brecht.german.or.kr/ (Koreanische Brecht-Gesellschaft, Seoul / Korea; 한국브레히트학회)